KB214494

대한민국 명찰답사 33

대한민국 명찰답사 33 (큰글씨책)

초판 1쇄 발행 2020년 1월 15일

지은이 한정갑
펴낸이 강수걸
편집장 권경옥
펴낸곳 산지니
등록 2005년 2월 7일 제333-3370000251002005000001호
주소 부산시 해운대구 수영강변대로 140 BCC 613호
전화 051-504-7070 | 팩스 051-507-7543
홈페이지 www.sanzinibook.com
전자우편 sanzini@sanzinibook.com
블로그 http://sanzinibook.tistory.com

ISBN 978-89-6545-012-2 03900

* 책값은 뒤표지에 있습니다.
* 이 도서의 국립중앙도서관 출판예정도서목록(CIP)은 서지정보유통지원시스템 홈페이지(http://seoji.nl.go.kr)와 국가자료공동목록시스템(http://www.nl.go.kr/kolisnet)에서 이용하실 수 있습니다. (CIP 제어번호: CIP2020000483)

대한민국 명찰답사 33

한정갑 지음

불교철학을 바탕으로 해설한 사찰 순례기

산지니

추천사

명찰답사 노작에 붙이는 글

진철승(불교문화정보연구원장)

한정갑 선생은 매우 괴상한 인물이다. 법학과를 나왔다는데, 시속법 공부는 안 하고 불법, 그것도 남 안 하는 불교문화 한다고 평생 난리다. 한 선생은 1980년대 초중반 대학생불교연합회(대불련)에서 문화부를 만들 때 주도적으로 뛴 불교문화활동 1세대라 할 수 있다. 추천인은 70년대부터 마당극, 탈춤, 풍물 등의 활동을 하다가 1985년 민중불교운동연합과 인연을 맺어 오늘까지 불연을 잇고 있다. 그 과정에서 대불련 문화부 친구들을 만나게 되었는데, 그중 가장 괴이한 인물이 바로 한정갑 선생이었다.

1990년대 들어 유홍준 교수의 『나의 문화유산답사기』, 임권택 감독의 「서편제」 등이 공전의 히트를 기록하며 우리 문화에 대한 관심이 폭증했다. 추천인은 1989년 몇몇 스님과 더불어 불교문화교육연구소를 창립하여 일반 대중을 위한 교육과 답사여행을 하고 있었는데, 당시 한정갑 선생이 동참하여 열심히 강사 구실을 해주었다. 이후 한겨레신문사 문화답사 등에도 동참하며 최신 슬라이드쇼 강의를 하는 등 내공을 다듬은 것으로 기억한다. 또한 현재까지 파라미타청소년협회, 중앙신도회, 포교사단 등 불교계 내에서 대표적인 불교문화 해설가로 활동하며 그 공명을 높이고 있다.

10여 년 전 사찰문화 개설서라 할 『재미있는 사찰이야기』를 펴낸 데 이어 이번에 『대한민국 명찰답사 33』을 강호에 선보이니 그 공부가 갈수록 깊어감을 알 수 있다. 3대 관음성지와 삼보사찰, 적멸보궁, 각 도별 주요 사찰에 대한 개괄적인 해설에 더해 필자 나름의 독특한 해석까지 곁들인 책이니 전국 주요 사찰 탐방 시 필휴할 책이라 하겠다.

그간 수많은 사찰 답사기, 안내서가 속간되었지만 한정갑 선생의 『명찰답사』에는 그것들과 다른 나름의 향기가 물씬하다. 30년 가까이 대중과 더불어 현장을 뛴 성과이기 때문이다. 사진 한 컷을 위해 차 안에서 밤을 새웠다는 이야기는 웃기기도 하거니와, 그 집념과 땀방울을 느끼기에 충분하다.

많은 이들이 사찰 여행, 구경, 답사, 연구를 할 때 필히 옆가방에 넣고 가시기를 권한다. 필자의 그간 노고와 노작에 감사한 마음이다.

책머리에

한국에는 참으로 명찰이 많다. 자연의 원리를 바탕으로 불교사상의 각종 상징물을 집대성한 명찰은 분명 우리 민족의 보고이자 위대한 정신문화이다. 그런데도 이렇게 훌륭한 문화유산을 제대로 해석하지 못하는 것은 우리 능력이 모자란 탓이라 실로 선조들께 부끄럽고 죄송할 따름이다. 그나마 최근 문화유산에 대한 관심이 높아지면서 많은 사람이 명찰을 찾아 조상의 문화에 대한 이해를 높이려는 경향을 보이니 참으로 다행스럽다.

사찰문화재는 불교문화와 예술문화의 결합체이기 때문에 더 어렵고 까다롭게 느껴지기도 한다. 이는 불교사상이 고도의 정신세계를 다루기 때문이기도 하고 그 언어와 문화가 현대문명과 다르기 때문이기도 하다.

사찰문화재가 관심을 끄는 것은 뛰어난 예술성 때문이다. 특히 자연과 어우러진 사찰문화재는 도시문화에 익숙한 사람에게는 경이로운 경험과 감동을 준다. 그래서인지 지금도 사찰문화재답사는 미적 감성을 자극하는 문화체험이 주된 경향이다. 하지만 최근 들어 문화재에 대한 지적 욕구를 발현시키고 충족시키는 방향으로 나아가고 있는데, 여기에는 문화해설사를 통한 문화체험이 큰 역할을 하였다.

불교문화재는 미술적인 해설만으로는 부족한 점이 많다. 사찰 명칭에서 시작해서 각종 문화재를 보더라도 불교사상을 이해하고 있어야 해설이 가능하다. 특히 사찰의 의식주 생활문화에 대한 지식과 경험을 겸비해야 그 언어적 의미를 이해할 수 있다. 그렇기에 사찰에서 해설사로 활동하는 사람에게는 불교용어에 대한 이해를 높이고 불교문화를 불교적으로 해설한 전문서가 꼭 필요하다. 이것이 필자가 그동안 미술학적 해석의 범주에만 머물던 사찰문화재를 불교적 의미로 해석하고 설명해보려고 하는 이유이다.

조계종 포교원 연찬회에서 전국 문화유산해설사를 대상으로 한 설문조사 결과에서도 불교문화재를 불교적으로 해설한 전문서 부족이 최고의 과제로 나타났다. 이에 몇 년 전 출간해 기본서 역할을 하고 있는 『재미있는 사찰이야기』에서 더 나아가 사찰별 불교문화재 해설서를 다시 쓰게 되었다. 이는 향후 다른 역사유적과 더불어 사찰 문화재의 의미를 일정한 주제하에 스토리텔링하는 데도 그 기반이 되리라 생각한다.

불교에서는 예부터 절을 짓거나 불상을 봉안하는 데 나름대로 정해진 법식이 있었다. 그 법식에 따라 불교사상을 실현하고자 건축물과 조형물을 일관성 있게 배치하였다. 사찰구성은 모든 생명체가 함께 어우러져 살아가는 곳, 즉 모든 생명이 고통 없는 곳(열반)으로 가도록 하는 데 목적을 두었다. 사찰 건축물은 불교세계관에 근거하여 열반을 이루기 위한 상징적인 구조물로 조성하였다. 해탈교, 일주문, 천왕문, 불이문으로 이어지는 구조는 수미산의 세계를 상징적으로 표현한다.

한국의 전통고찰은 국가의 지원으로 조성되는 경우가 많아 당대 최고의 예술성과 기술력이 함축되어 있다고 보면 된다. 조상들은 천문지리 기술과 더불어 산 자체를 하나의 생명체로 이해하는 풍수학을 도입해 명산의 기운을 최고로 함축하는 건축물을 만들었다. 불교철학과 더불어 뛰어난 예술성과 기술력이 함축된 명찰은 엄청난 재원과 기술 인력이 동원된 실로 한국 문화유산의 결정체이다.

현재 유명 관광사찰로 이름이 난 본사급 사찰은 고찰이면서 대가람 규모를 갖추고 역사성이 높은 경우가 많다. 따라서 각 지역별 본사급 위주의 사찰을 우선 수록하되, 불교철학의 깊이를 느낄 수 있는 사찰들로 대상을 선정하였다.

20여 년간 사찰을 탐방하고 조계종단에서 실무자로 근무했던 경험이 많은 도움이 되었지만 이를 다시 책으로 엮는 작업에는 또 다른 기술과 노력이 필요했다. 몇 년에 걸친 작업이 이제야 마무리되어 한 권의 책으로 세상에 나오게 되니 지난날 인고의 세월에 대한 감회가 새롭다.

이 책이 사찰문화재의 불교적 해설을 고민하는 의제를 만드는 데 초석만이라도 된다면 저자로서는 더 없는 영광이겠다. 원고 기획 후 수년을 기다려준 산지니 강수걸 대표에게 다시 한 번 감사드린다. 거친 원고를 교정하느라 고생한 편집팀, 문화재 서적에 어울리는 책을 만드느라 고심한 디자인팀에도 감사의 말씀을 드린다. 가족친지의 격려와 더불어 최종교정을 함께 살펴봐준 제수씨 이정숙님의 노고도 이곳에 기록해둔다.

2012년 5월
청룡동 토굴에서
한정갑

* 이 책에 수록한 사찰의 연혁은 우선적으로 사찰별 홈페이지를 참고하였으며 필요시 문화재청의 자료로써 보완하였다. 본문에서 바로 출처를 밝혀두어 참고자료는 따로 정리하지 않았다. 사찰 조형물의 불교적 해석에 관한 내용은 저자가 경험을 통해 독자적으로 해석하였음을 부기한다.

차례

제3부 5대 적멸보궁

제4부 전라도의 명승 고찰

第5부 경상도의 명승 고찰

第6부 충청도의 명승 고찰

제7부 경기 · 강원도의 명승 고찰

제1부

3대 관음성지

관세음보살은 불교신앙의 대상 중에서 유일하게 현세에 바로 즉답하는 자비의 화신으로 알려져 있다. 그래서인지 한국의 불교신자들이 가장 많이 신앙하는 대상이며 유명한 관음성지는 가장 많은 사람들이 찾는 곳이기도 하다. 그중에서 한국의 3대 관음성지로 알려져 있는 곳은 명승고찰 중에서도 사람들이 1순위로 찾는 곳이니 이 책도 그곳에서부터 시작해볼까 한다.

관세음보살은 세상에서 소리를 내는 중생은 물론 소리를 내지 못하는 중생까지 그 염원을 살펴보고서[觀] 자비를 베풀어주는 보살이다. 그렇기에 우리나라에서는 어느 불보살보다도 많은 신앙을 받고 많이 알려진 보살이다. 관세음보살의 보관에는 아미타불이 새겨져 있어 다른 보살상들 가운데 쉽게 찾아낼 수 있다. 손에는 주로 감로수병을 들고 있는 경우가 많다. 관세음보살을 그려놓은 고려불화들을 살펴보면, 관세음은 정병을 들고 있는데 정병에는 불사(不死)의 감로수가 들어 있다. 또한 버들가지는 어리석음과 번뇌, 미망(迷妄)을 제거하고 중생의 마음에 보리심의 종자가 있음을 상징한다. 푸른 대나무는 의상대사가 동해 홍련암에서 관세음을 친견했을 때 푸른 대나무가 난 곳에 낙산사를 창건했던 인연에서 연유한다. 따라서 청죽(靑竹)의 표현은 다른 나라 관음탱화에서는 찾아볼 수 없는 우리나라만의 특징이기도 하다.

경전에 의하면 관세음보살은 그 종류가 참으로 많은 것으로 전해진다. 천수관음, 성관음, 십일면관음, 여의륜관음, 마두관음, 준제관음, 불공견색관음 등 많은 관세음보살이 전해온다. 현존하는 우리나라 관세음보살상으로는 석굴암 11면 관세음보살, 불국사 천수천안 관세음보살 등이 있지만 이는 드문 경우이고, 정작 우리나라에서는 흰옷을 입은 백의관음이나 해안에 위치한 해수관음, 아기를 점지하는 송자관음 등을 많이 모신다.

우리나라에서 전해지는 관세음보살의 위력과 신앙에 관한 내용은 법화경 관세음보살 보문품에 의거하여 설명하고 있다. 관세음보살의 상주처에 대한 문헌 근거는 화엄경 입법계품에 남순동자가 "보타낙가산에 있는 관세음보살을 찾아간다"라는 내용이다. 보타낙가산은 인도의 남동쪽 해안에 있다고 전하는데, 현재 남인도 코친에서 약 200km 떨어진 사마리바라 지역으로 추정한다.

관세음신앙은 중국과 한국, 일본에까지 널리 퍼졌는데 중국의 보타낙가산도 이런 영향으로 해변에 위치한다. 한국에서도 화엄사상이 전래함에 따라 관세음보살은 해변에 많이 조성되는데 동해 홍련암과 남해 보리암, 그리고 강화도 보문사가 3대 관음성지로 전해온다. 동해 홍련암은 의상대사가 창건했으며, 남해 보리암은 원효대사가, 강화도 보문사는 회정대사가 창건하였다.

그런데 이런 3대 관음성지 외에도 백제의 관세음보살 신앙이 전해오는 곳이 있는데 그곳이 바로 전남 옥과에 있는 관음사이다. 옥과 관음사의 관세음보살은 내륙에 있으며 창건설화의 내용이 심청전 설화의 원전이라고 한다. 이곳은 우리나라 관음신앙의 역사 중 가장 오래된 곳이므로 또 한 곳의 관음성지이자 백제의 관음성지라고 부기해둔다. 이와 더불어 4대 관음성지로 불리며 최근 각광받고 있는 곳이 바로 여수 향일암인데 3대 관음사찰과 분리하여 전라도 지역 사찰편에서 다루었다.

한국의 전통사찰은 아미타불을 조성한 경우가 많아 자연스럽게 아미타불의 보처불인 관세음보살을 신봉하는 관음성지가 되고 있다. 그러므로 대부분의 본사급 전통사찰은 자연스럽게 관음신앙의 성지를 겸하게 된다.

붉은 연꽃으로 현신한 관세음 성지, 낙산사와 홍련암

낙산사 관음성지의 특징과 의미

낙산사와 홍련암 일대에 구성된 관음성지는 의상대사가 화엄사상을 펼치면서 부석사 아미타불을 일존불로 조성한 후 중생을 위한 타력기도 신앙을 도입하고자 관세음보살 신앙을 펼친 곳이다. 관세음보살이 해안가 보타낙가산에 상주한다고 경전에 전하는 바에 따라 부석사 가까이 있는 동해 좋은 곳에 터를 잡은 게 이곳 양양 지역이다. 관세음보살 신앙의 본질은 지혜와 자비이다. 의상은 이곳에서 지혜를 구하고 자비행을 행할 것을 무언으로 전하며, 궁극적으로는 화엄사상의 기반하에 자아완성을 지향할 것을 가르치고 있다. 이러한 목표를 완성하기 위해 강력한 기운을 모을 수 있는 터를 미리 닦아놓았으니 그곳이 바로 홍련암 법당이고, 낙산사 원통보전이다. 낙산사는 한국 관세음보살 신앙의 근원지라는 점에서 아주 중요하고 의상대사가 직접 관음을 친견하고 조성한 곳이라는 점에서 더욱 의미가 있다.

낙산사의 창건

신라 문무왕 10년(670)에 당나라 지엄선사에게서 화엄사상을 익히고 돌아온 의상스님이 현재 낙산의 홍련암이 있는 자리인 관음굴을 찾아와 일심으로 기도하여 관음보살을 친견하여 낙산사를 창건했다고 전한다. 낙산사의 창건에 관한 이러한 내용이 삼국유사에 전하는데 다음과 같다.

> 의상스님이 처음 당나라에서 돌아와 "대비진신(관음)이 이 해변의 굴속에 계시기 때문에 이곳을 낙산이라고 했다"는 말을 들었다. 의상은 기도한 지 7일 만에 물 위에 방석을 띄웠는데, 용왕이 동자를 보내와 수정염주와 여의주를 주기에 이를 받았다. 다시 7일 동안 기도하여 관음을 친견하고 나니 관음이 말하기를 "이 자리 위 꼭대기에 대나무가 쌍으로 돋아날 터이니, 그곳에 불전을 지으라" 했다. 의상스님이 그 말을 듣고 굴에서 나오니 과연 땅에서 대나무가 솟아났다. 이에 금당을 짓고 진흙으로 구운 불상을 봉안한 다음 그 절을 낙산사라 하였다.

동해용왕이 여의주를 바치는 장면

낙산사 원통보전의 마당 한편에 대나무가 있는데, 이곳이 낙산사 창건설화와 관련한 흔적이다. 의상대사가 받았던 수정염주와 여의주는 원통전 앞에 있는 7층탑에 봉안되어 있다고 전한다.

부석사의 본존불을 아미타불로 모신 의상대사가 보처불로 관세음을 모신 곳이 바로 이곳 낙산사이다. 이는 곧 화엄사상에 근거한 의상의 신앙 대상이 아미타불(부석사 1존불)에서 관세음보살(홍련암-보살)로 확대됨을 의미한다.

창건 후 신라의 선문 중 강릉 굴산사에 선문을 연 사굴산문의 종주 범일스님에 관한 일화와 정취보살을 조성하여 안치했다는 내용이 전하는 것으로 보아 낙산사 역시 선종의 영향을 받았음을 알 수 있다. 임진왜란 때 소실되었다가 조선 철종 때 중건되었는데, 2005년 화재로 인해 원통보전과 동종이 불타버렸다. 원통보전은 다시 중건하여 오늘에 이른다.

낙산사의 주요 신앙처는 원통보전이다. 원통보전의 주불은 관세음보살이다. 근세에 입석상으로 만든 해수관음상이 관음신앙을 확대, 보완하여 홍련암, 해수관음, 원통보전에 이르는 일련의 신앙처가 관세음보살의 신앙세계를 더욱 신비롭게 한다.

원통보전(圓通寶殿)

관세음보살이 있는 전각을 원통보전이라고 부른다. 원통이라는 말은 능엄경에서 중요하게 다루는 화두인데, 진리에 대해 원만하게 통달하는 법으로 해석한다. 능엄경에서는 관세음보살이 "원만하게 통달하는 법문을 얻었다"고 전하는데 시방에 두루 통하지 않는 곳이 없이 자비를 행한다는 의미로 관세음보살을 원통교주라 부른다.

"해안 바닷가에 쌍죽이 나 있다"는 삼국유사의 표현은 이곳 터가 오롯한 명당임을 말해주는 내용이다. 관세음보살(지혜)의 인도로 이곳에 절을 지었다는 내용은 이곳이 수행처로 좋은 곳임을 확인해주는 대목이다. 그러므로 낙산사 여러 전각 중에서도 이곳 원통보전이 있는 곳이 중심 수행터가 된다.

낙산사 원통보전에 모신 관세음보살상은 건칠불상이다. 건칠불상이란 옻으로 만든 불상을 말하는데 불상의 틀을 만들어놓고 그 위에 계속 옻을 칠해서 나중에 속을 비우면 완성된다. 옻으로 만든 불상은 오랫동안 변함없이 유지되는 특징이 있다. 현재의 불상은 옻으로 불상을 만들고 그 위에 금으로 도금하여 지금의 모습을 갖추었다. 관세음보살상은 금속으로 만든 8각 대좌 위에 결가부좌한 채 앉아 있는데, 적당한 크기로 허리를 곧추세우고 고개만 약간 앞으로 숙여 마치 굽어보는 듯한 느낌을 준다. 머리에는 화려한 보관을 썼으며 보관 가운데 화불이 뚜렷하다. 네모꼴에 가까우면서도 각지지 않은 둥글고 탄력적인 얼굴에는 눈, 코, 입, 귀 등이 단정하게 묘사되어 있다.

쌍죽이 난 곳에 창건했다는 낙산사 원통보전

원통보전 내 건칠 관세음보살

목에는 세 개의 주름인 삼도(三道)가 뚜렷하고, 가슴 부분이 두드러지게 표현되었다. 오른손은 가슴에 올리고 왼손은 배에 두었으며 엄지와 중지를 맞댄 손모양을 하고 있는데, 가냘픈 듯 섬세하게 표현되었다. 양 어깨를 덮은 옷은 주름이 자연스럽게 흘러내리며 온몸에는 화려한 구슬장식이 드리워져 있다.

관세음보살은 자비를 상징하는 존재이다. 이로 인해 보살상은 화려하고 여성적인 형상을 갖추며 뭇생명을 길러내는 어머니와 같은 인물상의 모습으로 조형화 된다. 이는 석가모니불이 자기완성을 강조하는 자력신앙인 데 반해 관세음보살은 자비를 베풀어주는 타력신앙의 대상불 성격을 가지고 있기 때문인 것으로 보인다.

그러나 관세음보살은 여성이 아니다. 욕계6천의 천상인들까지는 성별구별이 존재하지만 색계천부터는 생각만으로 자신의 모습을 바꾸며 전생하므로 생산을 위한 남녀의 구별이 필요가 없어 성별이 없어진다. 그러므로 깨달음의 존재인 보살은 성별 구별이 존재하지 않는다.

7층 석탑

원통보전 앞 석탑

원통보전 앞에는 석탑이 조성되어 있다. 이 석탑은 창건 당시 3층이던 것을 세조 13년(1467)에 이르러 현재의 7층으로 조성하였다. 의상대사가 동해용왕으로부터 받은 수정으로 만든 염주(念珠)와 여의주를 탑 속에 봉안하였다고 전해진다.

탑의 머리 장식부에 가늘고 긴 쇠막대를 중심으로 원나라 라마탑을 닮은 장식 여럿이 원형대로 보존되어 고려시대의 여운이 남는다. 탑의 받침이 되는 기단부는 정사각형 바닥돌 위로 밑돌을 놓았는데 윗면에 24잎 연꽃무늬를 새겼다. 탑신부는 지붕돌과 몸돌을 1층으로 하여 7층을 이룬다. 각 층 몸돌 아래로는 몸돌보다 넓고 두꺼운 괴임을 1단씩 놓은 것이 특징적이다. 각층 지붕 모서리 부분 전각을 보면 아랫면과 윗면이 같이 들려 올라가 백제계 양식으로 조성되었음을 알 수 있다.

원통보전과 함께 석탑에서도 의상대사의 흔적을 찾아볼 수 있다.

해수관음상

원통보전을 나와 언덕을 오르면 동해바다를 굽어보는 관세음보살 입상을 만난다. 낙산사를 찾는 사람들이 이 해수관음상을 배경으로 기념촬영을 많이 한다. 푸른 하늘을 배경으로 흰옷을 입고 서 있는 모습이 거대하면서도 아름답다. 특히 미소가 뛰어나 자애로운 어머니의 느낌이다.

원통보전 관세음보살이 전각에 머무는 데 반해 직접 바다를 바라보는 관세음보살을 이렇게 조성한 이유는 바다 중생에게까지 관세음의 자비가 널리 퍼지도록 한 배려다. 이곳을 조성하고 얼마 되지 않아 관음상 앞까지 올라와 죽은 바다거북이 발견된 적도 있다. 바다거북이 이곳까지 올라오기에는 꽤 높고 먼 거리인데, 예사롭지 않은 인연임에는 틀림없다. 이 해수관음상은 육지에서보다 바다에서 볼 때 이 위치의 중요성이 더욱 뚜렷해진다. 그래서인지 배

해수관음상

를 타고 바다에서 일을 하는 사람들에게 중요한 신앙의 대상이 되고 있다.

보타전

1993년에 조성한 보타전은 관세음보살상의 다양한 모습을 볼 수 있는 공간이다. 전각 외벽에는 낙산사를 창건한 의상스님 일대기를 그려놓아 어떤 분인지 알 수 있게 해두었다. 보타전 안에는 우리나라에서 처음으로 천수관음 · 성관음 · 십일면관음 · 여의륜관음 · 마두관음 · 준제관음 · 불공견색관음 7관음상과 32응신상, 1,500관음상을 조성해 명실상부하게 관음성지로서 위상을 드높인다.

이렇듯 많은 관음상을 조성한 것은 우리 민족의 구제와 해탈을 기원하는 뜻이다. 1,500관음상 한 분 한 분의 천수천안과 32응신상을 곱하면 그 수가 5천만 정도인데, 그것은 곧 우리 민족의 인구와 일치한다. 5천만 민족의 구원과 해탈을 기원하는 의미이다. 관음상의 재질은 모두 목조인데, 백두산에서 자라는 홍송을 사용했다고 한다.

홍련암

홍련암은 낙산사 부속암자로서 바닷가에 있다. 의상대사가 관세음보살을 친견하기 위해 기도했던 터이므로 터를 잡은 지가 어언 1,500년이 넘는다. 이곳은 1,500여 년 성상을 지나오면서 신라, 고려, 조선시대의 모든 중생이 각자의 염원을 기원하고 소원을 성취하였던 한국 관음기도의 성지이다.

의상대사가 관세음보살을 친견하기 위하여 이곳에 왔을 때 바로 여기에서 푸른 새를 만나는데 그 새가 석굴 안으로 들어갔다. 의상대사가 따라가 보니 기도하기 좋은 석굴이라 기도 정진하였는데 바다 위에 붉은 연꽃, 곧 홍련이 솟아나더니 관음보살이 나타났다. 의상대사는 이곳에 암자를 세우고 홍련암이라고 이름을 지었으며 푸른 새가 사라진 굴을 관음굴이라 불렀다.

붉은 연꽃 암자라는 이름에서부터 아름다움과 신성함이 연상된다. 그래서인지 홍련암은 법당을 바다 위에 떠 있는 붉은 연꽃처럼 만들어놓았다. 관음굴 위에 조성한 홍련암은 건물 모서리가 바위에 걸쳐 있어 건물 자체는 허공에 떠 있는 형국이다. 법당 마룻바닥의 가로세로 8cm 목재구멍을 열면 그 아래로 이는 파도와 바위굴이 보인다.

남해, 서해와 달리 동해바다는 평소에도 물결의 출렁거림이 거친 편이어서 바다 기운이 드세다. 거친 파도를 담아낸 홍련암 터는 곧 동해의 거센 기운을 흠뻑 받아들이는 곳이다. 한편으로 검푸른 바닷물과 끝없이 펼쳐진 수평선 위로 보름달이 떠오르는 밤이 되면 밝은 달빛과 더불어 고요하고 적막한 평화가 찾아온다. 잔잔한 파도, 휘영청

의상대에서 바라본 홍련암

밝은 달밤에 찾은 홍련암은 산중 고찰과는 확연히 다른 느낌으로 다가온다.

관음전

홍련암은 소박하고 단아한 작은 건물이다. 이 작은 건축물 안에 어울리는 크기로 어여쁜 관세음보살을 모셨다. 결가부좌를 틀고 좌정한 모습이다. 오른손은 어깨높이로 들어 올려 설법하는 모습을 취했다. 왼손은 자연스럽게 단전 근처로 내려왔다. 엄지와 중지를 맞댄 하품중생인으로, 중생에게 법을 설하는 모습을 나타낼 때 사용하는 표현이다. 머리에는 보관을 씌우고, 보관 가운데는 화불인 아미타불을 새겼다. 우리나라 관세음보살상 대부분이 홍련암 관세음보살 모습을 모방하여 조성하는데, 이는 아무래도 홍련암을 창건한 의상대사의 위상 때문일 것이다. 좌우협시상으로는 남순동자(선재)와 동해용왕을 조성하였다.

남순동자는 일명 선재동자라고 하는데 화엄경 말미에 등장하는 구도의 동자이다. 선지식을 찾아 남해바다를 순례하던 중 보타낙가산에서 관세음보살을 만나 법을 구하게 되어 남순동자라고 불리며 이러한 인연으로 관세음보살의 보처로 협시되었다. 반면 동해용왕상은 의상대사가 관세음보살을 친견하고자 여기 관음굴에서 기도를 하던 중 이에 감응한 동해용왕이 수정염주를 보낸 전설에서 유래한다. 관세음보살이 주로 바닷가에 있어 자연스럽게 바다를 다스리는 용왕과 인연이 닿은 설화가 전해지고, 이런 연유로 바다를 주재하는 용왕을 관세음보살의 보처로 협시되었을 것이다. 남순동자와 동해용왕을 협시하는 것은 관세음보살일 경우에만 볼 수 있는 구성이다.

법당 우측은 창문을 만들어 바다가 보이게 하였으며 좌측은 화엄신

중 탱화를 봉안하였다. 화엄신중은 불법을 수호하는 신중으로서 잡귀를 막고 좋은 기운을 보위하는 등 홍련암을 청정도량으로 수호하는 역할을 한다. 정면 출입문 아래쪽에 있는 도깨비문양이나 신중단 아래쪽 사자상 역시 화엄신중과 함께 도량을 수호하는 존재들이다. 천왕문이나 금강문이 없는 대신 이러한 호위신장을 조성함으로써 도량을 수호하는 효과를 도모하였다.

관세음과 동해용왕 남순동자

법을 찾는 선재에게 지혜를 주는 관세음 성지,
남해 보리암

남해 보리암 관음성지의 특징과 의미

남해 보리암은 원효대사가 창건하였다 전하는데 이는 의상대사의 낙산사 창건에 이은 관음신앙의 확대이다. 보타낙가산이 인도 남쪽 해안에 있다 하니, 동해 낙산사에 대응해 남해안에 터를 잡음으로써 관음신앙의 위치적 근거를 보완하고 기암절벽이 어우러진 빼어난 절경에 성지를 조성하여 신앙적으로 한층 더 신비감을 고양하였다.

기암이 외호하는
수미산 위 보리암 전경

원효대사는 관음신앙을 통해 자비를 행하라는 보문시현의 보(普)자를 가져오고 적광(寂光-비로자나)의 지혜를 구하라는 뜻을 전하고자 보광이라 명명한다. 화엄경 입법계품 마지막 구성이 보현행원품임은 화엄사상이 실천행을 강조한다는 뜻이다. 보광이라는 명칭에서도 지혜와 자비 실천의 내용을 담고 있음을 알 수 있다. 따라서 보리암 관음성지는 절묘한 터에서 대적광의 지혜를 갖추고 무한한 자비행을 실천하라는 가르침을 상징한다.

보리암 터는 명당이다. 법당 좌측 산길을 30분가량 올라 상사바위에 이르면 금산의 모든 바위 형상이 한눈에 펼쳐진다. 보리암은 수미산처럼 생긴 암반 위에 올라앉았는데, 상사바위에서 봐야 보리암이 왜 좋은 곳인지 제대로 알게 된다. 각각의 바위는 흡사 수많은 신장처럼 관세음보살이 머무는 보리암 쪽을 호위하는 형국이라 과연 천하의 절경이다. 호리병처럼 생긴 수미대 위의 관세음상을 위시하여 보리암 전체 터가 한눈에 들어온다.

남해 금산과 보리암

보리는 지혜라 해석한다. 관음은 자비의 화신이며 관음이 상주하는 곳은 자비의 성지이다. 관음의 자비는 현세에 응답하고 구원을 하는 것이라 많은 사람들이 관음의 자비를 바라며 성지를 찾는다. 이러한 관음의 자비 중에서도 최고의 자비는 바로 진리를 일러주는 것이다.

화엄경에 보면 선재동자가 낙가산 관음보살에게 와서 지혜를 구하는데 남해 보리암은 바로 선재가 관세음을 만나는 곳임을 상징한다. 선재는 질곡의 현실에서 참다운 삶의 가치를 찾는 존재로 변화하고자 하는 현재 우리들의 또 다른 이름이다. 보리암의 관세음보살은 화엄경의 선재에게 가르침을 일러주듯이 법을 찾는 우리에게 지혜를 베풀어준다.

연꽃잎을 타고 있는 관세음과 남순동자

보리암은 원효대사가 친견한 관세음보살의 현신성지이다. 신라시대 683년에 의상대사와 쌍벽을 이루던 원효대사가 강산을 유행하다가 이 산의 선경에 끌려 찾아오는데, 온 산이 마치 방광하는 듯 빛났다고 한다. 원효대사는 이곳에 초옥을 짓고 관세음기도를 하였는데 법당 뒤에 있는 관음굴에서 관음을 친견하고서 보광사라 이름을 지었다 전한다.

한편 사찰 아래쪽에는 이성계가 기도했던 자리 '이씨기단' 이 있다. 이성계는 새 왕조를 창건하기 전 전국 이름난 성지에서 기도를 올렸는데 계룡산과 지리산에서 올린 기도가 응답이 없자 마지막으로 보광산을 찾아 백일기도를 시작했다. 기도 후 산신령을 만난 이성계는 임금이 되게 해주면 산을 비단으로 감싸겠노라 약속한다. 그 후 이성계는 조선을 창건하고 왕이 되는데 산신령이 나타나 약속을 지키라 한다. 절박한 심정으로 약조를 하긴 하였으나 비단으로 산을 덮는 일이 남 보기에도 우스운 일이고, 그렇다고 약속을 아니 지키기에는 마음이 편치 않아 참으로 난감하였다. 이에 묘책을 짜내려고 신하들을 불러 모았는데 신하 하나가 말하길, "비단 금(錦)자를 써서 금산이라 부르게 하면 뭇사람이 실제 비단을 둘렀다 생각할 것입니다." 하였다. 듣고 보니 과연 묘책이었기에 왕은 어명을 내려 보광산을 금산이라 부르게 해 산신을 위로하였다 한다. 이때부터 보광산은 비단을 두른 금산이 되어 오늘에 이른다. 그 후 현종이 절을 조선왕실의 원찰로 삼고 절 이름을 보광사에서 지혜를 뜻하는 보리암으로 바꾸었다.

보광전

통상 관세음보살이 주불인 전각 명칭은 관음전, 원통전이라 하며 보광전이라고 하지는 않는다. 그러나 보리암은 자비의 광명을 널리 펼친다는 뜻으로 보광전이라 한다. 원효는 보문(普門)의 보(普)와 이곳 터에서 방광하는 듯한 신비한 빛(적광)을 뜻하는 광(光)을 가져와 보광으로 이름을 지었다. 전국 사찰의 관음전이 보광전으로 불리는 것도 여기서 유래한 것 같다.

해수관음상과 남해섬들

보리암은 관세음보살을 모신 보광전이 중심이다. 보광전 안에 있는 주불은 큰 대나무 조각을 배경으로 좌정한 관세음보살로서 향나무로 만들었다. 머리에는 화려한 보관을 쓰고 보관에는 아미타불을 새겼다. 관음상 왼쪽에는 남순동자, 오른쪽에는 해상용왕을 조성하였다.

금산 정상에 자리 잡고 있는 보리암에 오르면 금산의 온갖 기암괴석을 호법신장처럼 거느리고 푸르른 남해바다와 더불어 상주해수욕장 일대의 전경을 관장하는 신선이 된다.

어머니 같이 자비로운 관음성지, 석모도 보문사

보문사 관음성지의 의미

보문사는 통일신라 불교의 홍련암과 보리암에 비하여 고구려 불교의 관음신앙 성지라는 의미를 갖는다. 희정대사의 금강산 보덕굴에 얽힌 전설을 통해 한국 최고 명산인 금강산에서 관음친견을 했다는 신비감과 더불어 해안가 관음신앙이 동해, 남해에 이어 서해라는 세 곳으로 확대되었다는 의미가 있다. 광활한 갯벌과 잔잔한 바다, 평온한 낙조가 함께 어우러져 무한한 자비와 평화가 느껴지는 곳, 또한 바닷길을 통해 대륙과 문물을 교류하는 요충지에 자리했다는 점에서 생동하는 중생세계가 가깝게 느껴진다. 보문이라는 명칭은 관세음보살의 자비 실천행을 의미하는 보문시현에서 따왔고, 그 보문시현을 형상화한 곳은 바로 눈썹바위 관음상이다.

팔각탑과 나한성중

최근에는 나한굴 옆에 팔각탑과 더불어 나한성중이 모여 법회를 여는 화엄회상을 조성하여 관음성지와 나한성지로 이름을 알리고 있다.

서해에 있는 보문사에 가려면 강화도에서 배를 타고 석모도라는 섬으로 가야 한다. 석모도는 부처의 어머니로 해석할 수도 있고, 어머니 같은 부처로 해석할 수도 있다. 천상계 이상의 존재는 원래 성을 구별하지 않으므로 보살은 남녀를 뛰어넘는 존재이다. 그럼에도 불구하고 관세음보살이 화관을 쓰는지라 여성으로 오인하고, 자비로운 어머니 같은 여성상으로 인식한다. 따라서 석모도는 부처의 어머니가 아니라 어머니 같은 관세음보살의 섬이라고 해석하는 것이 좋겠다.

보문사 관음성지에서는 서해의 넓은 갯벌과 섬들을 배경으로 해가 질 무렵 낙조와 갯벌이 어우러진 풍광이 백미다. 낙조의 붉은 색깔은 부처님의 금색신과 같아서 관음의 화현을 친견하는 듯하다.

보문사의 창건

"보문사는 신라 선덕여왕 4년(635) 금강산에서 수행하던 희정대사가 창건하였다"고 사적에 전한다. 홍련암이 화엄학의 종조인 의상대사가 창건하고, 남해 보리암이 대중불교의 성자로 알려진 원효대사가 창건하였음에 반해 희정대사가 창건한 이곳이 관음성지로 전해지는 것은 의상대사와 원효대사의 행적에 비교될 만한 창건 배경이 있기 때문이다. 전설에 의하면 금강산의 보덕굴은 고구려 고승 보덕대사가 수행하던 관음기도처로 유명한데, 희정스님은 관음진신 친견을 위해 천일기도를 한 후 몰골옹(보현화신)과 해명방(문수화신)과 보덕각시(관음화신)를 만났으나 정작 관음진신을 알아보지 못하였다. 그 후 현신한 관음보살의 안내로 전생에 자신이 보덕대사였음을 전해 듣고 금강산 보덕굴에서 수행하였다. 이러한 희정대사가 금강산에서 이곳 보문사에 왔다는 기록에 의해 보문사는 희정대사가 창건한 영험 있는 관음성지로 전해온다.

보문사 관세음보살상

보문사 관세음보살상은 석모도 산 중턱 눈썹바위에 마애불로 새겨놓았다. 마애관음좌상은 1928년에 배선주 주지스님이 보문사가 관음성지임을 나타내기 위하여 금강산 표훈사 이화응 스님과 더불어 이곳에 새긴 것으로, 크기는 높이 920cm, 너비 330cm이다. 크기를 척수로 환산하면 높이 32척에 너비가 11척이 되는데, 이것은 곧 관음보살의 32응신과 11면을 상징한다. 우리나라는 바위가 웅장하고 특이하면 기도처로 숭배하는 전통이 있으니 눈썹바위가 먼저 민간신앙의 대상처가 되었을 것이다. 눈썹바위는 근대까지 많은 무속인의 기도도량으로 참배가 끊이지 않았는데, 1928년 관음상을 새겨 명실상부한 관음기도처로 자리 잡았다. 1928년 이전까지 이곳에 관음상이 있었는지에 대해서는 전하는 기록이 없다.

보문사 관음상

눈썹바위 아래 관세음

보문사 나한석굴

한국 3대 관세음성지 중 하나로 유명한 보문사지만, 관음보살의 신비로움과 더불어 나한석상들로 인해 신비로운 기도처로도 잘 알려졌다. 보문사에는 오래전부터 나한신앙이 영험 있는 곳으로 전해져 오고 있다.

다음의 내용은 희정대사가 보문사를 창건한 지 14년 만인 649년(신라 진덕왕 3년)에 일어난 일이다.

보문사 산 아랫동네(지금의 매음리) 어부들이 배를 타고 고기를 잡으러 바다에 나갔다. 그물을 쳤다가 한참 만에 건어 올렸는데 몹시 무거웠다. 고기가 걸렸으면 그물이 당겨지고 움직일 텐데 무겁기만 하고 도무지 요동이 없었다. 겨우 당겨보니 고기는 한 마리도 없고 이상하게 생긴 돌덩이만 잔뜩 그물에 걸려 있었다. 어부들은 어리둥절해하며 돌덩이들을 자세히 들여다보았더니 기이하게도 그 돌덩이들은 마치 사람의 형상을 하고 있었다.

바다에서 건진 나한상

기이한 석상이라 두려운 마음에 얼른 바다에 던져버리고 배를 저어 멀리 떨어진 곳으로 가서 다시 그물을 치고 고기를 잡는데 아까 던져버린 그 석상들이 그대로 다시 올라왔다. 어부들은 매우 놀라 황급히 그물을 바다에 털어버리고 고기잡이를 포기한 채 육지로 돌아와 버렸다.

그날 밤 어부들의 꿈에 한 노스님이 나타나 말하기를, "우리는 먼 서천국(인도)에서 왔느니라. 나와 더불어 스물두 성인이 돌배를 타고 여기까지 왔는데 우리가 타고 온 돌배를 돌려보내고 물속에 있다가 그대들의 그물을 따라 올라왔더니 그대들은 두 번씩이나 우리를 다시 물속에 넣어버리더구나. 그대들이 알지 못하여 그렇게 한 것이니 허물하지는 않겠노라. 우리가 이곳 동방세계 서쪽 바닷가에 온 것은 이 나라에 아라한의 신통을 펴기 위한 것이고, 더욱 큰 뜻은 영산회상에서 베풀어진 무진법문과 중생의 복락을 성취하는 길을 전하는 것이다. 마을 뒤 낙가산에 가보면 우리가 오래도록 편안하게 쉴 수 있는 곳이 있으니 우리를 그곳으로 안내해주기 바란다. 의심하지 말고 내일 곧 시행하도록 하라. 이 인연과 공덕으로 그대들의 후손들까지 길이 복을 누리게 될 것이다." 하였다.

어부들은 날이 밝기를 기다렸다가 배를 띄워 어제 석상을 던져버린 그 바다에 그물을 쳤다. 잠시 후 걷어 올린 그물에는 어제 그 석상 스물두 상이 그대로 딸려 올라왔다. 어부들은 정성스럽게 석상을 모시고 뭍으로 올라와 깨끗하게 물로 씻고 꿈에 본 석굴에 모셔놓았으며, 그것이 오늘에까지 전해온다.

보문사 나한 석굴

보문사 입구에 석굴이 있는데 석굴 안에는 22상을 모시고 나한기도를 올리고 있다. 이곳은 나한 영험을 희구하는 사람들의 왕래가 끊이지 않는 곳이다. 관세음보살의 성지에 어울리는 신앙터로 보이며 불교에서도 나한의 신통력이 원래 유명한 것으로 알려져 있으므로 관세음보살의 영험을 북돋워주며 신비감을 더해주는 역할을 한다.

나한이란 부처님의 제자를 이르는 말이지만 소승불교에서는 최고의 수행 지위에 도달한 자를 말하기도 하며 아라한이라고도 부른다. 우리나라에서 나한은 신통력이 높은 존재로 알려져 있다.

제2부

삼보사찰

삼보란 불교에서 가장 귀중하게 여기는 세 가지 보물을 말한다. 바로 부처님과 부처님의 가르침, 가르침을 수행하는 승가조직, 이 세 가지이다. 불보는 불교의 교주(敎主)인 부처님을 통해서 진리를 알게 되어서 보물이 된다. 법보는 진리를 말하는 것으로 부처님이 만드신 것이 아니라 자연에 존재하는 것을 부처님이 깨닫고 설명해준 것이다. 부처님이 깨달은 진리가 경전으로 전해지므로 경전을 법보라고 하기도 한다. 승보는 진리의 완성을 위해 함께 노력해가는 무리를 말하는 것으로 이를 승가라고 표현한다. 사찰이 삼보를 갖추듯이 한반도 전체를 불국토로 보고 불보사찰, 법보사찰, 승보사찰을 규정해놓은 것이 우리나라 불교의 특징이다. 불보사찰은 불보를 봉안한 양산 통도사이고, 법보사찰은 경전을 봉안한 해인사이며 승보사찰은 고승을 많이 배출한 송광사이다. 이 세 사찰이 한국의 삼보사찰에 해당한다.

영축산 아래 적멸의 보궁이 있는
불보사찰 통도사

통도사의 특징과 의미

경남 양산 영취산 아래 한국의 불보사찰로 알려진 통도사가 있다. 통도란 "금강계단을 통하여 득도한다"는 뜻이며 "진리를 회통하여 일체중생을 제도한다"는 뜻을 가지고 있다. 통도사는 뒷산의 모양이 불법을 직접 설하신 인도 영축산과 통한다 해서 통도사라 이름했다는 설과 금강계단을 통해 득도한다는 의미에서 통도사로 불리었다는 설이 있다.

불보란 부처님을 말하는데 통도사가 불보사찰이 된 것은 석가모니 부처님의 진신사리를 모셨기 때문이다. 통도사에 모신 진신사리는 삼국시대 때 신라의 자장율사가 당나라에서 문수보살로부터 직접 받아와 봉안하였다.

삼국유사에 전하기를 당시 신라는 불교를 국교로 공인한 후 수도 경주에 황룡사를 짓고 있었는데, "당나라에 유학을 갔던 자장율사가 문수보살을 친견하여 사리를 받아와 황룡사의 구층 목탑에 일부를 안치하고 다시 울산의 태화사와 양산의 통도사에 안치하였다"고 한다.

부처님의 진신을 모시기 위해 수많은 터를 찾아다녔던 자장율사는 이곳 통도사 뒷산 모양이 인도 영취산과 비슷하여 이곳을 영취산이라

영취산과 통도사

이름 짓고 그 아래에 진신사리를 모셨다. 영취(靈鷲)라는 말은 신령스러운 독수리라는 뜻인데, 인도의 영취산에 살고 있는 독수리들은 산 아랫마을에 살고 있는 사람이 죽을 때가 되면 미리 그 기운을 알아채고 망자의 집에 모여들었다고 한다. 그리하여 그 독수리들을 영취라고 불렀다는 것이다. 부처님께서 화엄경과 법화경 등 불교의 핵심사상을 제자들에게 전해준 곳이 바로 그 영취산 아래인지라 영취산은 부처님이 계시는 곳을 상징하게 되었다. 이러한 영취산 아래 부처님의 진신사리를 모시고 예경하며 그곳에서 불제자가 되는 계를 받는 것은 실로 부처님께 직접 계를 받는 것과 같은 의미가 된다. 통도사는 부처님 진신이 계신 곳에서 수계를 받는 곳이라서 명실상부한 한국의 불보사찰로서 그 위상을 점하고 있다.

통도사의 가람배치

불보사찰로 알려진 통도사 사찰 구조물의 배치는 여느 사찰과 다르다. 그 이유는 사리탑을 중심으로 한 초기 사찰 구조가 임진왜란으로 불타 새로운 건축물을 조성하면서 다양한 신앙 영역을 별도로 구성하였기 때문이다. 일반적인 사찰은 상단, 중단, 하단의 구조를 통해서 신앙 대상 단계가 점점 높아지지만 통도사는 그렇지 않다. 크게 상로, 중로, 하로라는 말로 구분하는데, '로' 라는 말은 향로를 뜻하는 용어이다. 상, 중, 하라는 용어를 사용하지만 각 단위는 상하 계위 없이 동등하고 독립적인 신앙구조이다.

상로에 해당하는 곳은 사리탑을 중심으로 한 적멸보궁과 개산조당까지이다. 중로에 해당하는 곳은 대광명전이 주불전이며 미륵불을 모신 용화전과 관음전이 있다. 여기에는 비로자나불과 미륵불 국토를 조성하고 관세음보살을 모셔놓았다. 하로에 해당하는 곳은 영산전, 약사전, 극락보전 영역으로, 석가모니불과 약사불, 아미타불을 신앙 주불로 하는 영역이다. 각각의 노전은 계위를 구분할 수 없는 동등한 부처님들이며 각각의 불국토를 독립적으로 구성한 것이다.

통도사 적멸보궁탑

적멸보궁

적멸보궁은 석가모니부처님의 진신사리를 봉안한 곳이다. 통도사 사리탑은 적멸보궁에 취하는 정형화된 양식으로 조성하였다. 모든 탑에는 석가모니불의 진신사리를 봉안해야 한다. 한국의 탑은 대부분 석가모니불 사리를 봉안하였기 때문에 탑이 서 있는 곳이 바로 적멸보궁인 셈이다. 그럼에도 불구하고 적멸보궁이라고 하는 경우에는 종형의 탑을 만들어 봉안하는 특징이 있는데, 이는 통도사 사리탑 양식에서 유래된 것으로 보인다. 적멸보궁은 건축물 안에 부처님 형상을 모시지 않는 것이 특징이다. 통도사 적멸보궁 역시 진신 사리탑이 있기 때문에 건축물 안에 부처님을 모시지 않았고 석종형 사리탑을 향해 예경하는 건축물 구조를 취하였다.

통도사 적멸보궁은 방향에 따라 현판(건물명칭)이 각각 다르다. 불이문을 통과하여 먼저 보이는 현판이 적멸보궁, 좌측으로 돌아가면 금강계단, 다시 연못 쪽으로 돌아가면 대웅전이다. 적멸보궁에서 말하는 적멸이란 모든 번뇌의 불이 꺼진 상태를 의미한다. 육신으로도 적멸되고 정신적으로도 적멸되었음을 이르는데, 이는 석가모니불의 열반하심을 의미한다. 대웅전은 석가모니불이 계신 궁전을 말하는데 물질적으로 적멸하였다고 완전히 없어진 것이 아니라 법신과 진신으로 현재에도 중생들에게 항상 스승으로 계시는 분이라는 의미를 가진다.

금강계단

적멸보궁 남쪽 현판은 금강계단이라고 적혀 있다. 사리탑을 향해 예경하는 방향인데 금강계단은 수계를 위한 임시조성물이 아니라 영구적인 계단이라는 뜻이다. 금강은 금강석, 곧 다이아몬드를 의미한다. 그래서 경전에서는 모든 것을 깨뜨리는 금강석의 특징을 지혜로 상징하여 사용해왔다. 금강석같이 지혜로 모든 번뇌, 망상과 미혹의 뿌리를 끊어버린다는 의미이다. 따라서 금강계단은 지혜로 계를 받는 곳이다.

통도사 금강계단에서 계를 받는 일은 부처님께 직접 계를 받는 것과 같은 의미이다. 통도사는 불교 계율의 중심지일 뿐만 아니라 통도사 금강계단은 오늘날까지 승려 및 대중의 수계 장소로 활용한다.

승속을 막론하고 불문에 들어서려면 계를 받아야 한다. 비구는 250가지 계율인 구족계를 받아야 하고 재가 신도는 5계와 8계를 받아야 참다운 불자로 입문한다. 최근에는 대승보살도를 수행하기 위한 보살계 수지가 사찰마다 일반화된 현상이다. 이러한 한국 수계 전통이 바로 이곳 통도사 금강계단에서 유래되었음을 생각하면 자장율사가 마련한 이곳 금강계단의 의미가 새롭게 다가온다.

통도사 금강계단

개산조당(자장율사)

개산조당은 적멸보궁 바로 아래 건물로, 이름 그대로 통도사 창건 조사를 모신 곳이다. 솟을대문을 들어서면 작은 전각에 스님의 진영 그림이 보이는데 이분이 바로 자장율사이다.

개산조당

사찰마다 보통 조사당을 두지만 이처럼 솟을대문을 세워 독립공간을 형성한 예는 드물다. 자장율사는 신라에 불교가 도입되던 시기라 고승이 드물 때 부처님 진신사리를 모셔올 정도로 법력이 높았다. 자장율사는 사리뿐만 아니라 부처님 진신가사(옷)도 가져왔는데 이는 어지간한 고승이라도 쉽지 않은 일이다. 현재까지도 자장율사가 가져온 진신가사(옷)는 통도사에서 전해 내려오는데, 1,400여 년이 지났음에도 삭아 없어지지 않고 있다. 초파일이나 개산대재 날 일반대중에게 사리와 가사를 공개한다.

삼국유사에 전하는 자장율사 이야기

자장(慈藏, 590~658)은 김씨이며 진한 진골 무림의 아들로 태어났다. 승려가 되어 636년에 조칙을 받고 승려 등 10여 명과 함께 당으로 건너갔다. 문수보살이 있다는 청량산에 들어가 기도와 명상을 하는데 꿈에 보살이 나타나더니 머리를 만지며 게(偈)를 주었다. 하지만 깨어 보니 알 수가 없었다. 이튿날 아침, 이상한 승려가 와서 이를 해석하여 이르기를 "진리를 많이 배운다 한들 아직 이보다 나은 글이 없다"며 가사와 사리 등을 주고 사라졌다.

조사당 내 자장율사 진영

자장이 중국 태화강변을 지나는데 홀연 신인이 나와 묻기를 "너희 나라에 곤란이 일이 뭐가 있느냐?"라 하였다. 자장이 가로되 "우리나라는 북으로 말갈에 연하고 남으로 왜인에 접하고 또 고구려, 백제 2국이 차례로 변경을 침범하는 등 외적이 종횡하니 이것이 백성의 환난이 된다." 하였다. 신인이 이르되 "지금 너희 나라는 여자를 임금으로 삼아 덕은 있으되 위엄이 없는 고로 인접국가가 위해를 도모하는 것이니 빨리 본국에 돌아가라." 하였다. 자장이 "고향에 가서 무엇을 하면 도움이 될까" 물었다. 신인이 가로되 "황룡사 호법룡은 곧 나의 장자로, 범왕의 명을 받아 그 절을 보호하고 있으니 본국에 돌아가 그 절에 9층탑을 이룩하면 인접국이 항복하고 구한이 와서 조공하여 왕업이 길이 태평할 것이요, 탑을 세운 후에 팔관회를 베풀고 죄인을 사하면 외적이 해하지 못할 것이다." 하였다. 말을 마치며 신인은 옥을 들어 바치고 홀연히 없어졌다. 자장이 오대산에서 받은 사리 백립을 황룡사 탑 기둥 속과 통도사 계단, 태화사 탑에 나누어 봉안하여 지룡의 청에 맞도록 하였다.

자장이 만년에는 서라벌을 하직하고 강릉군 명주에 수다사를 창건하고 살았는데 중국 오대산에서 만난 형상의 승려가 꿈에 나타나 고하기를 "태백산 갈반지에서 다시 만나자" 하고 숨어 보이지 아니하였다. 자장이 태백산에 가서 갈반지를 찾다가 큰 구렁이가 나무 밑에 서린 것을 보고 시자에게 이르되 "이곳이 바로 갈반지라" 하고 석남원(지금의 정암사)을 세웠다. 자장의 의발 등과 석존가사 등이 모두 통도사에 있다.

용화전 앞 봉발탑

용화전 앞의 탑 모양이 특이하다. 이름하여 봉발탑(奉鉢塔)으로 바루를 받든 탑이라는 뜻이다. 이는 가섭존자가 미륵을 공양하려고 마련한 공양 그릇 탑이다. 가섭존자는 부처님의 마음법을 전해 받은 수제자로, 한평생 부처님을 모시던 분인데 미륵의 도래를 기다리며 발우공양을 준비하였다.

봉발탑

부처님을 달리 응공(應供)이라고도 표현하는데 이는 응당 공양받을 자격을 갖춘 분이라는 뜻이다. 경전에는 석가모니부처님 스스로 응당 공양받을 자격을 갖춘 존재라 하였다.

인도에는 수행자가 많은데 수행자는 직접 먹을거리를 생산하는 존재가 아니어서 다른 사람이 만든 음식물을 얻어먹고 정진한다. 그 과정에서 불가피하게 다른 이의 노동력을 빌리지만 수행을 완성하고 공덕을 돌려주어 빚을 갚는다고 생각한다. 그러나 석가모니부처님은 이미 수행을 완성하고 불법으로 중생을 구제하는 정신적 생산을 하므로 응당 공양받을 자격이 있다 하여 부처님을 응공이라고도 한다. 내세에 도래한다는 미륵불도 응당 공양받을 자격을 갖춘 분으로, 이를 상징한 것이 응공탑(봉발탑)이다. 응공탑은 미륵성지에 조성해야 할 조형물처럼 보이지만 석가모니불의 국토를 완성하러 오는 주불이므로 석가모니불 국토에서 미륵불을 맞이하는 것도 사찰 특징에 어울린다.

팔만 사천 경전으로 해인삼매를 찾는다, 법보사찰 해인사

해인사의 특징과 의미

해인(海印)이란 바다가 잔잔해지면 만상을 비추듯이 법을 관조함을 이르는 말이다. 『대방광불화엄경』에 해인삼매라는 말이 나오는데 바람이 그치고 파도가 잔잔해져 바다가 고요해지면 거기에 만가지 모습이 남김없이 드러나듯이 지혜의 바다에 모든 번뇌가 가라앉고 잔잔해지면 우주의 본성이 드러나 보이는 경지를 말한다. 해인사는 이와 같이 진리의 경지를 돌아보는 사찰이란 의미로 창건 때부터 해인사라고 이름을 지어 전해온다.

신림스님은 신라시대에 화엄종을 확립한 의상대사의 제자이다. 그 신림스님의 제자 순응스님이 신라 애장왕(802년) 때 해인사를 창건하였고, 이정화상이 뒤를 이어 마무리하였다고 전해온다. 창건 후 고려시대 들어 희랑대사가 크게 중창하였다고 한다. 대적광전(大寂光殿) 앞 탑과 석등 등이 고려 양식인지라 고려시대에 가람이 크게 확대되었음을 알 수 있다. 이는 몽고병란을 당해 강화도로 천도한 고려 조정이 15년에 걸친 대장경 조성사업(1236~1251)을 완성하여 해인사 장경각에 보존하면서부터일 것이다.

해인라는 이름이 화엄경에 나온다는 데서 팔만 법보 중 특히 화엄사상을 펼치려는 의지가 강하게 느껴진다. 해인이라는 용어 하나만으로 화엄경을 중시하는 사찰이라고 규정하는 것이 비약으로 보이기도 하겠으나 이런 규정이 단순히 해인이라는 이름 때문만은 아니다. 적광전을 가기 전에 구광루를 만나는데, 이 구광(九光)은 아홉 가지 광명이다. 화엄경에는 부처님이 아홉 곳에서 설법할 때마다 백호(白毫, 이마의 흰털)에서 광명을 놓았다는 이야기가 전하는데, 여기서 바로 화엄경의 관련성을 찾아낼 수 있다.

해인사 본존불이 비로자나불을 모시는 대적광전이라는 점 또한 화엄사찰의 성격이다. 화엄사상의 신앙적 발현 형태가 아미타불로 나타나는 게 통일신라시대의 특징이라면 고려시대는 교리가 발달하고 체계가 잡혀 진리의 상징 비로자나불을 모시는 것이 특징이다. 법보사찰의 주불은 당연히 석가모니불이어야 하는데도 화엄사상의 배경에 따라 비로자나불을 모신 것이 해인사의 특징이다.

해인사는 통일신라 의상스님의 제자를 중심으로 창건한 화엄사찰이고 고려 초기 희랑대사가 사세를 확장하면서 화엄사상을 펼치는 영

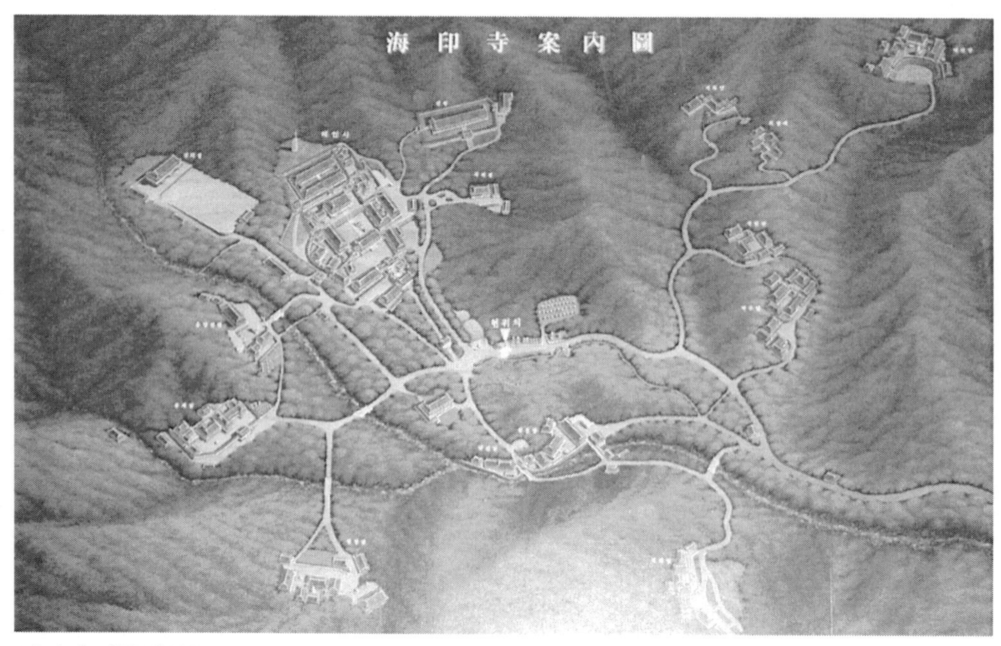

해인사 사찰배치도

남 주요사찰로 자리를 잡았다. 이후 고려 중기에 대장경을 봉안하면서 법보를 봉안하는 법보사찰의 성격을 가지게 되었다.

팔만대장경 법보를 봉안한 장경각

장경각은 불경을 찍는 목판 인쇄본을 보관한 곳이다. 팔만대장경이란 엄청나게 많은 숫자를 이야기할 때 팔만 사천이라는 표현을 쓰는 데서 유래하여 대단히 많은 대장경이라는 뜻이다. 인간의 번뇌가 팔만 사천 가지라서 부처님의 가르침도 이에 맞게 팔만 사천 가지인데 이를 모두 기록했다는 뜻도 가진다. 실재 경판도 8만(81,340매 이상)이 넘으니 그 뜻과 어울린다. 이 경판을 실제로 인쇄하여 책으로 만들면 1,500여 종, 6,700여 권에 이르니 실로 방대하다. 이렇게 방대한 대장경판의 서체가 모두 동일하여 한 사람이 작업한 것과 같다고 하니 이를 만들기 위한 노력이 얼마나 처절했는지 짐작하겠다.

대적광전 뒤편 장경각 입구

장경각 내부에서 바라본 모습

경판을 만들기 위해서는 먼저 붓으로 종이에 글자를 적어야 한다. 한 사람이 쓴 것처럼 보이려면 적는 사람들이 서체를 맞추려고 연습을 반복해야 한다. 다음, 글자를 적은 종이를 뒤집어 목판에 붙이고 한 자 한 자 조각하는데, 조각기법을 똑같이 맞추려면 조각장 여럿을 또 훈련시켜야 한다. 하나를 만드느라 오랜 시간 바닷물에 담그고 그늘에 말리기를 수십 차례 반복한 목판, 이 귀하디귀한 목판을 글자 한 자 잘못 파면 버려야 하니 얼마나 집중해야 하는지도 짐작할 수 있을 것이다.

최근 이 대장경판이 세계인류문화유산으로 등록되었다. 이는 우리나라 팔만대장경이 세계 유일의 원문 원판으로 의미가 있기 때문이다. 팔만대장경 전산화사업이 우리가 읽을 해석본이 아니라 원문에 집중하는 것도 바로 이 때문이다. 전산화는 원문을 세계에 배포함으로써 각국 불경연구가들이 그 내용을 해석하고 전하게 되므로 세계적으로도 의미가 크다. 이제 전산화 사업이 끝나 홈페이지에 등재 · 배포하기 시작하였으니, 해석 작업이 더 활성화되리라 기대한다.

한편, 해인사 장경각은 보관 내용물이 부처님의 진리를 새긴 경전이므로 장경전으로 명칭을 승격해야 한다. 천상천인 지위의 존재에 붙이는 '전' 과 '합' 이라는 명칭에 비해 '각' 은 하급이다. 법보전 혹은 대장전, 장경전으로 명칭을 승격해야 위상에 맞다.

장경각의 목조 건축물의 특징

안정적으로 경판을 보존하기 위해 만든 장경각 또한 대장경판과는 별도로 세계인류문화유산에 등록되었다. 장경각은 쉽게 말하면 목재로 된 경판을 제대로 보존하려고 만든 건축물이다. 요즘 말로 일종의 냉장창고시스템이다.

목재 경판이 변하지 않도록 자연의 이치를 활용하여 조성하였는데 아직까지도 그 정확한 원리가 밝혀지지 않고 있다. 다만 몇 가지 확인된 사실은, 먼저 터를 고르고 지층에 황토바닥을 깔았는데 이때 소금과 숯을 많이 넣어서 다졌다. 습도조절을 위해 1차적인 자연재료를 최대한 활용한 것이다.

다음으로는 공기순환을 위한 창을 만든 점이 독특하다. 창은 아래쪽이 넓으면 위쪽은 좁고, 위쪽이 넓으면 아래쪽은 넓게 만들었다. 마주보는 건물과도 이렇게 대응시켜 공기 순환원리를 최대한 활용하였다. 이 건물이 있는 곳으로는 새가 날아들지 못하는데, 공기흐름으로 새를 막을 수 있도록 건물을 배치한 것으로 추정할 뿐이다. 장경각은 건물의 아름다움에 더하여 자연을 활용한 여러 가지 지혜를 활용한 점이 돋보이는데 바로 이 점이 세계적인 인류문화재로 인정받은 것이다.

대장경을 보존하는 건축물의 창

민족의 존립을 위한 고려대장경 불사의 의미

한국불교는 삼국시대에 들어온 이후 고려시대까지 화려하게 꽃을 피웠다. 몽고병란 때 항쟁을 주도한 고려 무신세력은 새로운 희망과 기대로 모든 백성의 전력을 한곳에 모을 방안을 강구하였다. 물리적으로 열세인 군사력으로는 희망을 기대하기 어려워 신앙의 힘으로 극복하려는 비전을 제시하였다.

부처님의 가피를 도모하려면 불상 제작이 자연스럽게 보이겠지만 불교에서는 형상과 모양이 부처가 아니라 바로 진리가 부처이고, 진리를 깨달은 자를 부처로 본다. 진정한 불교신앙의 대상은 부처님의 가르침이다. 경전에 대한 올바른 이해는 불교신앙의 핵심이다. 이것이 바로 부처님의 가피를 얻기 위한 절박한 상황에서 불경을 조성한 이유이다. 대장경은 당시 민중들의 전폭적인 지지와 정성을 모아 이루어낸 불사였다. 장장 16년에 걸쳐 이루어진 대장경 조성 불사는 지배자와 피지배자가 혼연일체가 되어 국난을 극복한 역사였으며 이는 외세에 대해 민족 정체성을 확보하는 계기가 되었다.

장경각 내부 경판

대장경판의 재질

경판은 세로 24cm, 가로 69.6cm, 두께 약 1.6~3.9cm를 전후한 크기에다 양단에 나무를 끼워 판목의 균형을 잡고, 네 모퉁이에 동판을 붙여 고정시켰다. 판목은 후박나무를 썼는데 후박나무는 높이 20m, 지름 1m에 달할 정도로 큰 나무이다. 주로 해안가나 섬에서 잘

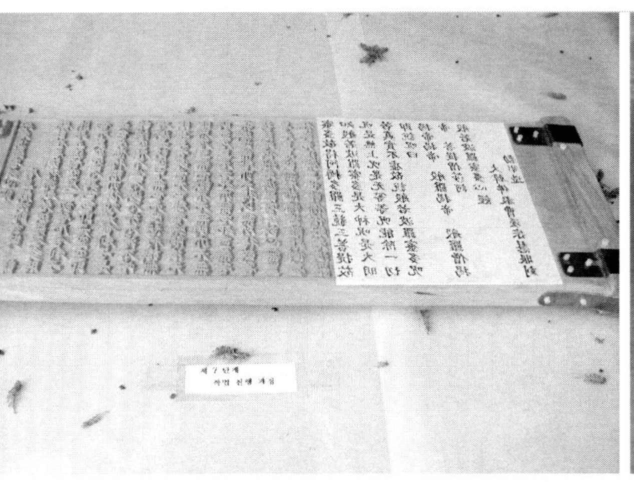

목판대장경 모형 조성과정

대장경 조성 벽화(선원사소재)

자라 가구재나 선박재로 많이 사용하는데, 당시 해상을 통해 구하기 쉬워 이 나무를 선정했을 것이다. 경판으로 쓰려면 수년간 나무를 바닷물에 담가놓았다가 건져 그늘에 말려야 했다. 이는 변형을 막고 원형을 오래 보존하기 위한 전통적인 기법이다. 나무의 수분을 충분히 빼내지 않으면 나중에 수분이 빠져나가면서 뒤틀림이 발생하는데, 이를 방지하기 위해 소금물을 이용하였다.

목재로 만든 대장경을 오래 보존하려고 바른 것이 바로 옻이다. 우리 선조들은 목재조형물에 대부분 옻을 칠해 장구한 보존을 도모했다. 지금까지 밝혀진 바에 따르면 옻칠은 원적외선을 방출하여 부패를 막고 살균작용을 하며 접착력이 뛰어나 발우, 나무 숟가락, 젓가락 등에 사용하였으며 철이나 돌의 거친 면을 매끄럽게 하기 위해 불상에도 많이 썼다. 대장경 글자가 새겨진 전면에 이러한 옻을 칠해 영구 보존을 기했다.

조계의 법맥을 이어온 16국사 솔갱이절,
승보사찰 송광사

16국사를 배출한 승보사찰 송광사의 특징과 의미

송광사는 한국 삼보사찰 중 하나로 승보사찰이다. 승보라 함은 불교조직을 유지하는 수행집단을 이른다. 출가 승려와 재가수행자를 포괄하는 말이지만 승보사찰이라 할 때는 고승을 많이 배출한 곳으로 이해한다.

특히 송광사를 창건한 보조국사 지눌스님은 한국 조계종 법통의 근원이 되는 분으로, 조계종 모든 승려들이 종조로 추앙한다. 송광사는 그분이 주석한 사찰이므로 명실상부하게 한국 승보사찰로서 그 위상이 높다 하겠다.

송광사 사찰 배치도

송광사의 창건

송광사는 신라 말에 창건하였는데 처음 이름은 길상사였다. 규모가 작은 사찰로 출발하였지만 통일신라 때 지눌스님이 와서 수선사로 개명하였다가 산 이름을 조계산으로 바꾸면서 다시 송광사라 이름 짓고 사세를 확장하였다. 그러다 정유재란 때 모두 불타버려 조선 철종 때(1856년) 힘들게 중건하였는데, 6·25전쟁과 공비 토벌작전 등으로 대웅전을 비롯한 주요 전각이 다시 소실되는 비운을 맞았다. 지금의 송광사는 최근(1983~1990년) 새로 지은 것이다.

송광사 입구 우화각(羽化閣)

송광사를 명칭 그대로 풀어보면 18명의 큰스님이 나서 부처님의 가르침을 널리 펼 절이라는 뜻이다. 소나무 송(松) 자는 십(十) 팔(八) 공(公)이고 광(廣)은 널리 편다는 뜻이다. 보조국사 지눌스님이 터를 잡을 때 모후산에서 나무로 깍은 솔개를 날렸더니 지금의 국사전 뒷등에 앉았다고 한다. 뒷등 이름이 치락대(솔개가 앉은 자리)인지라 솔갱이(솔개) 절이라고 한다는 설도 있고 이 산에 소나무(솔갱이)가 많아 송광이라고 한다는 설도 있다.

승보전

송광사에는 승보전이라는 현판을 붙인 건물이 마당 왼쪽에 있다. 일반적으로 스님을 모실 때는 전이라는 현판을 붙이지 않는다.

송광사 승보전

승보전 내부

각이라는 명칭도 조심스러워 당이라고 한다. 불보살의 위계 정도 되어야 격을 높여 전이라 한다. 승보전도 일반 수행스님이 아니라 석가모니불을 주불로 하여 가섭, 아난존자를 협시하고 뒤쪽에는 십대제자, 16성자, 1,250비구를 조성해놓았는데 부처님 당시 제자들이다. 이런 곳을 다른 사찰에서는 나한전, 영산전이라고 하는데 여기 송광사에서는 승보전으로 명명했다. 이곳이 승보사찰임을 새삼 되새기게 하는 현판이다. 물론 이 승보전 때문에 승보사찰로 불리는 것은 아니다. 송광사가 승보사찰인 이유는 바로 16국사 영정을 모신 국사전이다.

국사전

송광사 국사전

송광사는 승려를 배출하는 곳이고 그 정통성만큼이나 큰스님도 많았다. 나라에서 추앙받는 최고 스님의 지위는 왕사와 국사다. 국사는 나라의 스승으로, 왕사보다 지위가 높았다. 불교가 국교이던 당시 시대상을 돌이켜보면, 국사가 거주하던 사찰의 권위와 위엄은 말로 다할 수 없었다. 하물며 16국사가 머문 이곳은 바로 고려 정신문화의 성지라 할 것이다.

국사전은 고려 공민왕 18년(1369년)에 창건되었는데 여말선초의 건축양식으로, 현존하는 송광사 건물 가운데 가장 오래되었다고 한다. 중앙의 보조국사를 중심으로 좌우에 국사 진영을 모셔놓은 본 건물은 국보이고, 봉안된 16국사 진영은 보물이다. 현재는 수행공간의 일부로서 일반인의 출입은 금하고 관람에 제한을 둔다.

대웅전

송광사의 중심 전각이다. 1951년에 불타버린 후 1987년에 중창하였는데, '아(亞)' 자(字)형 구조로 지붕이 독특하다. 대웅보전에는 과거불 연등불, 현재불 석가모니불, 미래불 미륵불을 모시고 관세음보살, 문수보살, 보현보살, 지장보살을 협시했다. 통상 불단 하단에는 수중중생부터 육지중생과 허공중생을 새기는데, 여기서는 불단 앞면과 양 옆면 하단에 석가모니부처

'아(亞)' 자(字)형 대웅전

대웅전 내부

본존불 뒤편 열반상

님 생애와 함께 한국 불교의 법맥을 이어온 원효스님과 지눌스님의 생애를 조각했다. 조계종에서는 보조국사 지눌스님으로부터 법맥이 이어온다고 하여 지눌스님을 종조로 모신다. 지눌스님의 생애를 조각한 것은 송광사가 승보사찰로서 그 위상을 정립하고 조계종 승가 법맥의 정통성이 송광사에 있음을 표현한 것이다. 후불벽화로는 화불인 보살상 대신 석가모니부처님 열반상을 그려 석가모니의 일대기를 완성하였다. 외벽에는 보시, 지계, 인욕, 정진, 선정, 지혜의 보살수행법을 소개하는 6바라밀을 그렸다.

송광사 사찰 구조를 살펴보면 대웅전 뒤로 진여문에서 시작하는 수행공간인 수선사와 설법전 등을 대웅전이 내려다보이는 높은 곳에 조성하였다. 통상 주불전을 가장 높이 세우고 수행공간은 대웅전 하단 좌우에 펼쳐놓는데, 송광사는 수행공간을 위에 배치함으로써 깨달음으로 가는 노력을 최상의 덕목으로 존중하는 승보사찰의 성격을 상징적으로 표현했다. 비슷한 경우로 법보사찰 해인사에서는 적광전 뒤에 법보전을 조성하였다.

진여문과 수행공간

관음전

대웅전 서쪽 관음전은 본래는 성수전이라 하여 1903년 고종의 성수망육(51세)을 맞아 황실기도처로 건축한 건물이다. 1957년에 앞의 관음전을 해체하면서 관세음보살상을 이곳으로 옮겨와 봉안하였는데 관음보살 좌우에 있는 일월도가 원래 이곳이 고종의 축원패를 두었던 자리임을 말해준다. 내부 벽화도 신하들이 홀을 지니고 머리를 숙여 고종을 축원하는 품계도를 그려 송광사 관음전은 독특한 곳이 되었다.

관세음보살의 머리에는 화려한 보관을 조성하였고 오른손에는 정병을 쥐었으며 붉은 바탕 위에 금으로 그린 후불탱화로 인해 굉장히 장엄하고 화려해 보인다.

송광사 관음전

관음전 내 관세음보살

제3부

5대 적멸보궁

적멸보궁이란 석가모니부처님의 진신사리를 모신 전각을 말한다. 적멸보궁은 석가모니 부처님이 고대 인도 마가다국 어느 강 근처 보리수 아래에서 화엄경을 설했던 곳을 적멸도량이라 하였던 데서 비롯되었다. 적멸이란 모든 번뇌의 불이 꺼져 미혹의 세계를 영원히 벗어난 열반의 다른 이름으로, 보통 석가모니부처님이 육신을 지니고 계시다 열반하신 것을 뜻한다. 석가모니부처님의 진신사리를 모신 곳은 '전' 이라는 표현보다는 한 격 높은 '궁' 이라는 용어를 사용한다.

그러므로 적멸보궁은 진신사리를 모심으로써 석가모니부처님이 항상 이곳에 계신다고 믿어 따로 불상을 안치하지 않는다. 불단만 갖추고 정면에는 사리탑을 세우거나 계단을 만들어 진신사리를 모신다. 우리나라에는 5대 적멸보궁이 있는데, 양산 통도사, 오대산 상원사 위에 있는 중대, 태백산 정암사, 설악산 봉정암, 그리고 영월 법흥사이다.

한국의 사찰에는 5대 적멸보궁 외에도 따로 세존 사리탑을 종형으로 조성하고 전각 내 불상을 모시지 않는 적멸보궁이 적지 않다. 그중에서도 금산사 적멸보궁은 미륵신앙과 관련한 적멸보궁으로서 독특한 곳이며 계룡산 갑사 위의 신흥사 천진보탑 적멸보궁은 사천왕이 직접 사리를 봉안했다는 곳이다.

적멸보궁이 있는 곳은 세존사리가 신앙의 대상이므로 보궁마다 세존사리의 이적에 관한 이야기도 많이 전해온다. 석존의 기운이 함축되어 있다는 석존사리는 변하지 않고 현재까지 그 모습을 유지한다는 점에서 신비로운 일이지만, 일정한 때가 되면 사리가 불그스레한 금색으로 빛을 발하는 방광 이적 또한 불가사의한 일이다.

통도사 사리 이적기에 전하는 바처럼 사리가 모래알처럼 분신하고 나비로 변하기도 하며, 인연에 따라 없어지기도 하고 다른 곳에서 나타나기도 한다. 또한 여러 겹으로 싸놓은 사리함에 손을 대지도 않았는데 밖으로 나와 있기도 한다고 전한다.

5대만신이 옹호하는 적멸의 명당,
상원사 중대 적멸보궁

중대 적멸보궁의 특징과 의미

수많은 불보살이 상주하는 이곳에 부처님 진신사리를 봉안함으로써 화엄회상을 완성하였으니 실로 이곳은 불교 제일의 성지인 셈이다. 오대 불보살이 경배하는 적멸보궁이 주요 포인터이고, 보궁에 오르기 전 심신을 청결하게 하는 곳인 상원사 문수도량이 두 번째 포인터이다. 문수보살은 화엄경 입법계품에 주인공으로 등장하여 법을 설하는 보살이기도 하니 문수보살의 성지는 곧 화엄사상의 진수를 접하는 곳이다. 이를 확인하듯 조선 세조대왕이 문수동자를 친견하여 조성했다는 문수동자상은 문수성지로서 이곳의 위상을 더 높여준다.

중대 적멸보궁

오대산 상원사 중대 적멸보궁

중대 적멸보궁은 오대산 비로봉에서 흘러내린 산맥이 주위에 병풍처럼 둘러싸인 곳 한가운데 우뚝 솟아 있다. 조선시대 암행어사 박문수가 이곳을 방문하여 천하의 명당이라고 감탄한 것은 잘 알려진 일이다.

중대 적멸보궁의 특징은 뒤편에 사리탑은 안 보이고 '세존진신탑묘' 라고 새겨진 50cm가량의 유교식 비문만 놓여 있다는 사실이다. 여느 보궁과 달리, 사리탑이 보이는 유리창은 없고 금색신을 상징하는 벽이 있다. 전각은 정면 3칸 문으로 팔작지붕이고, 20여 명이 겨우 들어갈 정도로 작다.

비문

적멸보궁 뒤로 비문이 보인다.

중대 적멸보궁은 오대에 각각의 불보살이 상주한다는 각 봉우리가 보궁을 호위하는 형국을 취하는 점이 특징이다. 예부터 산을 숭배했던 우리 민족은 각 산에 신성한 수호령이 존재한다고 믿었다. 높고 험한 산일수록 더 높은 영적존재가 있다고 보았다. 특히 이곳 강원도 오대산에는 문수보살이 거주한다고 믿었다. 신라 자장율사가 중국 오대산에서 문수보살을 친견하고 부처님 정골사리와 가사를 받아와 이곳을 오대산이라 명명하고 진신사리를 봉안하면서 오대산은 불교 성지로 자리 잡는다. "동북방 청량산에 문수보살이 있어 일만 권속을 거느리고 늘 설법한다"는 화엄경에 근거하여 오대산은 화엄법회의 성지를 상징하게 된다.

세상의 모든 존재가 서로 관계된다는 것이 화엄경의 개요이다. 관계된 모든 존재는 고정불변이 아니라 변화, 운동한다. 존재의 구성요소가 변화, 운동하므로 고정된 실체는 없고 변화 운동하는 과정만 존재한다. 이러한 원리에 근거하여 윤회의 주체와 본질, 수행의 방법, 특히 보살이 성불로 나아가는 단계와 원리 등을 설명하고 있는 것이 화엄경이다.

이러한 화엄사상은 불교를 구성하는 가장 중요한 철학이자 완성된 사상체계이다. 이렇게 중요한 불교철학을 담아내는 곳은 신비롭고 고귀해야 하는데, 바로 그곳이 오대산이다. 오대산은 봉우리 4곳에 각각 보살을 협시하고 가운데에 석가모니 진신사리를 호위하는 형국이며 문수보살(화엄사상을 상징)이 오대산에 상주하게 되었으니 가히 석가모니부처님을 모실 터가 마련된 것이다.

세조와 상원사

신라 자장율사가 조성한 오대산 불교성지는 세월이 흘러 고려 말 나옹화상이 주석하면서 중요 신앙처로 다시 부각되고, 조선시대에 이르러 상원사로 기도를 가던 세조가 문수동자를 친견했다는 전설로 다시 한 번 널리 알려진다.

어린 조카 단종을 몰아내고 왕위에 오른 세조는 청령포에 유배된 단종에게 사약을 내려 죽이고 마는데, 어느 날 단종의 어머니 현덕왕

후가 나타나 호되게 꾸짖으며 침을 뱉는 꿈을 꾼다. 이후 꿈속에서 침 맞은 곳에 종기가 나기 시작하더니 온몸으로 퍼져 각지로 온천과 약수를 찾아다녀보았으나 효과가 없었다. 그러던 차에 왕사 혜각존자 신미대사가 상원사 중창불사를 권선하기 위하여 왕실을 방문하였다가 세조의 병세를 보고 오대산에서 문수기도를 하라고 권한다.

참회하지 않고서는 업을 감할 수 없음을 깊이 느낀 세조는 기도와 신병치료를 위해 상원사를 찾았다. 사찰에 들어가기 전 종기도 씻고 목욕도 할 겸 상원사에서 500m쯤 떨어진 관대걸이에 나가 맑은 계곡물에 몸을 담그는데 동자 하나가 나타났다. 이에 세조가 "얘, 너 이리 와서 내 등 좀 밀어주련?" 하니 동자가 등을 밀어주었다. 그러자 씻은 듯이 가려움증이 가시고 몸이 둥둥 날 것만 같았다. 목욕을 끝낸 세조가 "어디 가든 임금의 등을 밀어주었다는 말은 하지 말거라." 하자 동자도 말하길 "예. 대왕께서도 문수동자가 와서 등을 밀어주었다는 말씀은 하지 마십시오."라고 하더니 사라져버렸다.

등을 밀어준 동자가 문수동자의 화신임을 깨달은 세조는 이름난 화공을 불러 동자의 모습을 자세히 설명하고 화상을 그리게 하여 그 문수동자상을 상원사에 모시고 매일 불공을 드리게 하였다. 지금은 문수동자 화상은 없어지고 목각 문수동자상이 모셔져 있다.

상원사 문수동자상

상원사

중대 적멸보궁 아래에 있는 월정사의 암자로서 705년(신라 성덕왕 4년) 보천과 효명 두 왕자가 창건하였다.

처음에는 진여원이라 하였다. 이후 보천이 오대산을 나라를 돕는 신행결사도량으로 만들라고 유언하여 진여원에 문수보살상을 모시고 낮에는 반야경과 화엄경을 독송하게 하였으며 밤에는 문수예참을 행하게 하였다 전한다.

왕사 신미대사가 상원사를 중수할 때 세조가 왕비와 함께 보낸 발원문인 상원사중창권선문(국보 292호)이 있는데 권선문과 원문 다음에 세조와 왕세자의 날인이 있고, 효령대군 이하 종실 · 신료의 이름과 그 밑에 날인으로 서명한 것으로 보아 상원사는 세조가 중창한 것으로 추정한다. 또한 1984년 7월, 목조 문수동자상(보물 제221호)에서 불상의 유래를 밝히는 발원문 2개, 조선 전기의 복식, 전적류 등 23점의 복장유물이 발견되었다. 발원문에는 불상을 만들게 된 이유와 만든 사람, 후대에 보수한 기록까지 적혀 있으며, 세조 12년(1466년)에 세조의 둘째딸 의숙공주와 남편 정현조가 세조와 왕실의 안녕을 기원하고자 오대산 문수사에 여러 불보살상을 만들어 모셨다는 내용이 있다. 문수동자 친견 전설과 아울러 여러 정황으로 상원사는 세조가 특히 정성을 기울인 사찰이었음을 알 수 있다.

상원사 전경

눈 덮인 흰 산에서 봉황이 머무는 곳, 설악산 봉정암

설악산 봉정암 적멸보궁의 특징과 의미

설악산은 남한에서 가장 높으며 경치 또한 수려하다. 봉황의 안내로 이러한 명산 최고의 터에 부처님 사리를 봉안하였으니 불교 성지로서 그 신비감은 더 이상 비할 데가 없는데 지형상 접근이 어렵다는 점 또한 신비감을 증폭시키는 요인이다. 백담사는 봉정암에 오르기 위한 출발점이며 백담사와 더불어 관음이 현신한 오세암이 봉정암 적멸보궁의 신성을 더해주는 포인터이다. 관광지로 세속화되는 수많은 불교 성지 가운데 봉정암처럼 쉽게 다가갈 수 없는 영역을 남겨두는 것도 괜찮지 않을까 생각한다.

봉정암

봉정암은 설악산 소청봉 아래 봉황이 알을 품는 듯한 위치에서 있다. 주위에 있는 가섭봉, 아난봉, 기린봉, 할미봉, 독성봉, 나한봉, 산신봉 등이 감싸며 호위하는 형국이라 사찰은 평온한 느낌이 든다. 한국에서 제일 높은 곳, 좋은 터에 석가모니불의 정골 뇌사리탑을 봉안하였다. 부처님의 정수를 담았다는 뇌사리는 어느 사리보다 가장 중요한데 부처님의 진수가 담겼다고 생각되기 때문이다.

봉정이란 봉황과 이마라는 뜻으로 터의 유래를 알지 못하면 언뜻 이해가 힘들다. 자장율사가 당나라에서 진신사리를 받아 와 모실 곳을 찾아 전국을 순례하는데 이곳 설악산에 도착한 어느 날 봉황이 나타났다. 자장이 따라가 보니 높은 봉우리를 선회하던 봉황이 어떤 바위 앞에서 자취를 감추었는데 자세히 살펴보니 바위가 흡사 부처님 모습이며 봉황이 사라진 곳이 이마에 해당하였다. 그 바위를 중심으로 주위 7개 바위가 수호신장처럼 옹호하는 형상이며 가히 봉황이 알을 품은 길지라 이곳에 뇌사리를 봉안하고 암자를 지어 봉정암(鳳頂庵)이라 명명하였다.

봉정암 사리탑

사리함은 작은 5층 석탑을 조성하여 탑 안에 봉안하였는데, 탑은 자연암석 위에 탑신을 올렸다. 작은 탑임에도 불구하고 주위 산봉우리가 호위하며 경배하는 듯하여 신성하고 장엄하게 느껴진다.

탑의 양식을 살펴보면, 받침석이 3개라서 고려중기 탑으로 추정된다. 통도사 사리탑이 석종형 양식을 취하고 방형 기단을 만들어 주위에 호위 불보살과 신장을 조성한 것과 비교하면 봉정암의 석탑형 사리탑은 매우 단출하고 투박하기까지 하다. 아마도 초기 사리탑 봉안 후 전란을 피해 사리를 옮기면서 터를 중시하였기 때문에 조촐한 사리탑을 조성하였을 것이다.

봉정암은 한국의 보궁 기도 성지 가운데 첫째로 꼽힌다. 정골사리를 모셨다는 점도 그렇지만 접근이 어려운 깊은 산속이라 세속을 벗어난 불세계처럼 느껴진다. 차량이 들어가는 백담사에서 시작해도 5~6시간이나 힘든 산길을 걸어야 해서 나이든 이는 쉽게 갈 수도 없다. 그래서인지 봉정암은 더 신비롭게 느껴지고 꼭 가보고 싶어지는 곳이다.

오세암

백담사에서 약 6㎞ 떨어진 곳에 있다. 백담사 출발 후 영시암에서 보궁 방향과 오세암 방향 나뉘는데 오세암은 마등령 가는 길에 있다. 647년(신라 선덕여왕 13년) 자장율사가 관음조를 따라와서 터를 잡았다고 한다. 처음엔 관세음보살이 언제나 함께하는 도량이라고 관음암이라 하였는데, 조선시대 1643년(인조 21년) 설정스님이 중건하여 오세암으로 이름을 바꾸었다. 이때부터 관음성지로 알려지고 사찰이 규모를 갖추었는데 관음암이 오세암으로 이름을 바꾼 데는 다음과 같은 관음 현신 전설이 전해온다.

설정스님이 고아가 된 조카를 이 암자에서 키웠는데, 어느 날 월동준비를 하기 위해 혼자 양양까지 다녀와야 했다. 그동안 혼자 있을 네

오세암

살 난 어린 조카를 위하여 며칠 먹을 밥을 지어놓고 조카에게 일렀다. 밥을 먹고 난 뒤에는 법당에 있는 관세음보살상에 가서 "관세음보살, 관세음보살" 하고 부르면 잘 보살펴줄 거라고. 그러고 암자를 떠난 스님은 밤새 내린 폭설로 이듬해 눈이 녹을 때까지 돌아갈 수가 없었다.

이듬해 봄, 눈이 녹자마자 암자로 달려간 스님은 법당에서 목탁을 치면서 관세음보살을 부르는 조카를 보았다. 어찌된 연유로 살아 있었는지 까닭을 물으니 조카는 관세음보살이 때마다 찾아와 밥도 주고 재워주고 같이 놀아주었다고 하였다. 그때 흰옷을 입은 젊은 여인이 관음봉에서 내려와 조카의 머리를 만지며 성불(成佛)의 기별을 주고는 새로 변해 날아갔다. 이에 감동한 설정스님은 어린 동자가 관세음보살의 신력으로 살아난 것을 후세에 전하기 위하여 암자를 중건하고 오세암으로 이름을 바꾸었다고 한다.

오세암의 관음 현신 전설은 관세음보살의 자비와 위신력을 설명하는 대표적인 설화로 알려져 오늘날까지 전해오는데, 사람들이 쉽게 왕래할 수 없고 영산으로 알려진 설악산 깊은 산중이라 신비감이 더해 많은 사람에게 회자되었다.

오세암의 주불은 관음전이다. 단출한 공간에 관세음보살만 1불을 모시고 미타탱을 후불벽화로 장식했는데 근간에 조성한 천진관음전보다 훨씬 정감이 간다. 영락과 보관이 화려하고 자비로운 어머니같이 온후한 상호를 갖추었다. 관음전 옆에 있는 동자전 또한 오세암에서만 볼 수 있는 전각인데 오세암 설화에 등장하는 동자를 조성하여 봉안하였다.

천부인으로 개천한 곳에 수정탑이 솟아나다, 태백산 정암사 적멸보궁

태백산 정암사 적멸보궁의 특징과 의미

태백산은 환웅이 개천하여 하강한 곳으로 알려진 한민족의 성지이다. 백두대간의 주요한 기운이 흐르는 터이다. 정암사 적멸보궁은 수정 보석을 의미하는 수마노탑이라는 점이 특징이다. 배달민족의 개창지에 불사리를 봉안하여 민족의 고귀함과 신성함을 더했다는 점도 큰 의미이다. 자장율사가 이곳에 부처님 진신사리를 봉안하고 만년까지 여기서 수행하다가 열반에 들었다.

정암사와 수미노탑(흰색 지점)

태백산

백두대간은 백두산에서부터 금강산, 설악산을 거쳐 남쪽으로 내려오며 허리 부분을 형성하고 허리 부분은 동해 두타산까지 이어져 태백산에 이른다. 백두대간이 남서쪽으로 꺾이는 지점에 태백산이 위치한다. 풍수로도 산세가 이어지다가 꺾이는 지점은 기운이 센 곳으로 중요한 지맥이다. 한반도 허리 부분이 끝나면서 남서쪽을 향해 지세가 달려가는 지점이 바로 태백산이고, 백두대간은 태백산 아래로 소백산, 속리산, 지리산으로 이어진다.

태백(太白)을 우리말로 풀이하면 '한밝 뫼'라고 하는데, 이것은 대광명을 뜻한다. 장군봉(태백산의 주봉)에 있는 천제단은 개천절 제를 올리는 곳이다. 태백산은 『동국여지승람』에 신라의 오악 중 하나인 북악으로 하늘에 제사를 올리던 산이라고 기록되어 일찍부터 명산으로 여겨졌다. 『환단고기』에 전하듯이 환웅이 천부인 세 개를 가지고 3천 무리를 거느리고 내려왔다는 태백산을 의미한다. 삼국유사에는 태백산이 묘향산이라 전하기도 하고 삼국사기에는 백두산이라고 하며 혹자는 중국에 있다고도 한다.

이곳이 태백산으로 불리게 된 것은 고조선이 망한 후 고조선계 주민이 한반도 중남부 지역으로 이주해 마한·변한·진한 삼한시대가 열리면서 삼한 영토의 꼭짓점이 되는 태백산으로 단군신화의 상징성이 옮겨 왔기 때문일 것으로 추측한다.

정암사(淨巖寺)

민족의 영산 태백산 아래 5대 적멸보궁 중 하나인 정암사가 있다. 사적에 의하면 태백산(현 함백산) 삼갈반지에 삼봉이 있으니 동은 천의봉, 남은 은탑봉, 북은 금탑봉이며 그 가운데 3탑이 있으니 첫

째 금탑, 둘째 은탑, 셋째 마노탑인데 금·은 두 탑은 숨어서 나타나지 않고 마노탑만 나타나서 전한다고 한다. 정암사의 터잡이는 신라시대 자장율사로부터 시작된다. 정암사를 창건하고 7년 후에 수마노탑을 건립하였다고 전하지만 고려시대에 건립한 것으로 추정한다.

수마노란 석영이 재료가 되는 보석으로, 일종의 수정보석이다. 정암사는 바로 이 수마노(수정)탑이 있는 사찰이라는 뜻인데 현재의 탑은 회녹색 석회석이다. 창건 당시는 수마노탑이었는데 그 탑을 분실하여 고려 때 현재 탑으로 조성한 것인지, 당시부터 회녹색 석회석 탑을 수마노탑이라 불렀는지, 아니면 수마노 보석을 봉안하였기에 수마노탑이라고 하였는지는 알 길이 없다.

정암사 수마노탑과 풍경

기록에는 고려시대에 탑을 세우면서 기단부에 사리, 불지절, 불장주, 염주 패엽경을 봉안하였다고 하는데, 마노석은 같이 봉안하지 않은 듯하다. 자장율사가 용궁에서 수마노석을 얻어와 마노석으로 탑을 조성했다는 설화도 전하는데, 자장율사가 사리를 받아올 때 마노 보석을 같이 받아왔다는 삼국유사의 기록에 근거해보면 마노보석을 봉안한 탑이라서 수마노탑이라고 불렀을 수도 있다. 그러나 삼국유사에는 사리와 마노를 황룡사에 봉안했다고 기록하고 있어 정암사 수마노탑에 마노를 봉안했는지는 알 수 없다.

탑은 석탑임에도 불구하고 벽돌을 모방하여 일일이 돌을 깎아 만든 모전석탑이다. 고급 석재를 사용하였다는 점에서, 또한 벽돌 형태로 일일이 가공하였다는 점에서 만만치 않은 공력을 들여 귀하게 만든 탑임을 알 수 있다.

전탑은 화강암을 구하기 힘든 곳에서 흙을 구워 만드는 방식으로, 중국에서 유래하였다. 우리나라 초기에 중국의 전탑 양식을 본떠 만든 석탑이 보이는데, 이를 모전석탑이라 하고, 그 대표적인 것이 분황사탑이다. 그 후 화강암이 풍부한 우리나라는 석탑의 정형성을 갖는 형태로 발전하면서 모전석탑은 잘 만들지 않았다.

모전석탑인 수마노탑은 7층으로, 체감비가 알맞아 안정감이 있고, 각층 추녀 4곳에 풍경을 달아 완성도를 높였다. 상륜부는 따로 동으로 만들어 올렸는데 보륜을 위시하여 용차와 여의주까지 화려하게 조성해 탑의 위엄과 고귀함을 한층 끌어올렸다. 통도사 사리탑이 석종형으로 인도 탑 형식에서 유래하는 데 반해, 정암사 수마노탑은 정형적인 한국 탑 형태이다. 수마노탑은 정암사에서 가장 높은 곳에 있는데, 산중턱에 석축을 조성하여 멀리서도 가장 먼저 보인다.

자장율사와 정암사

삼국유사에는 자장율사가 정암사를 창건하고 열반에 든 것을 다음과 같이 기록하고 있다.

자장율사가 만년에는 서라벌을 하직하고 강릉군 명주에 수다사를 창건하고 살고 있었는데 다시 중국 오대산에서 본 바와 같은 형상을 한 승려가 꿈에 나타나 고하기를 명일에 너를 대송정에서 보겠다 하였다. 놀라 깨어 일찍이 송정에 이르니 과연 문수보살이 감응하여 왔다. 자장이 물으니 가로되 "태백산 갈반지에서 다시 만나자" 하고 숨어 보이지 아니하였다. 자장이 태백산에 가서 찾을 새 큰 구렁이가 나무 밑에 서리고 있는 것을 보고 시자에게 이르되 "이곳이 말하는 갈반지라" 하고 이어 석남원(지금의 정암사)을 세우고 성인이 강림하기를 기다리었다. 이에 한 노거사가 남루한 옷을 입고 삼태기에 죽은 강아지를 넣어 가지고 와서 시자에게 이르되 "자장을 보고자 왔다"고 하였다.

시자가 "건추를 받든 이래 우리 스승의 이름을 부르는 자를 아직 보지 못하였는데 너는 어떠한 사람인데 미치광이 말을 하느냐" 하니 거사는 "다만 너의 스승에게 고(告)하기만 하라" 하였다. 들어가 고하니 자장이 깨닫지 못하고 광인이 아닌가 하였다. 시자가 나가 꾸짖어 쫓으니 거사가 "돌아가겠다. 아상을 가진 자가 어찌 나를 알아 보리요" 하고 삼태기를 거꾸로 터니 개가 변하여 사자보좌가 되매 거기에 올라 앉아 방광하고 가버렸다.

자장이 듣고 그제야 위의를 갖추고 빛을 찾아 남령에 올라갔으나 이미 묘연하여 만나지 못하고 마침내 쓰러져 돌아가니 화장하고 그 뼈를 석혈 가운데 안치하였다.

삼국유사의 기록에 근거해 신라시대 고승이었던 자장율사의 마지막 수행처가 정암사인 점을 확인할 수 있다. 또한 삼국유사의 기록은 자장율사가 비록 불사리를 모셔 와 전국 요처에 봉안하고 말년까지 고승으로 칭송은 받았으나, 불교 본래의 목적인 진리에 대한 혜안이 부족함을 지적하며 "아상이 높아 문수(지혜)를 만나지 못하고 열반에 들었다"고 하고 있다. 이는 자장율사를 폄하하는 내용이라기보다는 수행자의 아상이 높아짐을 경계하라는 뜻으로 보인다. 부처님의 사리도 진리탐구를 위한 수행자의 지표에 불과하니 부처님에게 의지하되 스스로 수행을 완성하는 게 중요하다는 지적이다.

용맹한 사자의 기세로 행복을 만든다,
사자산 법흥사

법흥사 적멸보궁의 특징과 의미

법흥사는 강원도 영월 사자산 아래에 있다. 원주 치악산 동쪽에 있는 사자산은 오대산과 태백산을 잇는 삼각형의 꼭짓점이다. 법흥사 적멸보궁 내 석굴에서 사리석함이 발견되어 자장율사가 이곳에 마지막 사리를 봉안하고 자신도 여기 머물며 법을 펼치고자 하지 않았을까 추정한다. 9개 높은 봉우리가 둘러싸고 있는 구봉대산이 적멸보궁을 호위하고, 보궁은 연꽃처럼 생긴 연화봉 아래에 터를 잡았다.

법흥사와 연화봉

깊은 산속에 사자갈기 같은 산세를 보고 사자후를 펼칠 만한 곳으로 생각한 율사는 이곳에 부처님의 마지막 사리를 내려놓았을 것이다. 위로는 오대산 중대에, 아래로는 태백산 정암사에 사리를 봉안한 후 법을 펴기 위해 터를 잡았으니 율사의 포부도 남달랐을 것이다. 사찰 명칭을 홍녕사로 정한 것은 중생의 평안을 이루고자 하는 율사의 포부가 엿보이는 대목이다.

홍녕사는 그 후 사자선문을 개창해 대가람으로 발전하였으나 수차례 화재로 모두 불타 옛 모습을 찾기는 힘들다. 적멸보궁과 징효대사 부도 등을 통해 과거의 역사를 짐작할 따름이다. 제2 보궁이라 명명된 약사전의 위치가 좋은데, 거기서 보는 구봉의 형상이 흡사 부처님이 누워 있는 것처럼 보여 더 신비롭다.

약사전에서 보면 와불처럼 보이는 구봉

주천에서 법흥사로 들어가는 입구에서 장장 15km 계곡이 이어지는데 울창한 숲에 기암절벽과 넓고 얕은 물이 흘러 가족 캠핑장으로 이용하면 좋다.

사자산 법흥사

사자산이라는 지명은 산세가 사자의 허리와 같이 생겼다고 해서 붙은 이름이다. 우리나라 짐승이 아닌 사자는 불교와 연관되는데, 불교에서는 부처님의 법문을 사자후라고 한다. 또한 사자는 문수보살이 타는 짐승으로, 지혜를 상징한다. 사자산은 자장율사가 이곳에 진신사리를 봉안한 후 석가모니부처님의 진리가 있는 곳이라는 의미에서 사용되었을 것이다.

자장율사는 신라 선덕여왕 12년(643년)에 홍녕사라는 명칭으로 사찰을 개창하였는데 홍녕이란 평안을 홍하게 한다는 의미이다. 행복, 안락, 평화 등의 어감에서도 느껴지듯 이상향의 경지를 만들어간다는 뜻을 담았다. 불사리를 모시면서 창건한 사찰 명칭은 전쟁과 환란이 없는 평화 또는 번뇌가 없는 평온함을 만들어내는 곳이라는 뜻이다.

징효대사 진영

홍녕사가 규모를 갖춘 것은 신라 구산선문 가운데 하나인 사자선문이 개창되면서부터다. 847년 도윤 철감국사가 중국 선종의 중홍조인 마조 도일선사로부터 선을 전수받아 이곳에 불립문자 직지인심(不立文子 直旨人心)을 종지로 하는 사자선문을 개창하였는데 철감국사의 제자인 징효 절중선사에 이르러 더욱 번창하였다. 한때 2천여 명의 수도승이 운집했다고 하니 신라 선종 가운데 주요 사찰이었음을 알 수 있다.

징효대사 부도탑

홍녕사는 1907년에 법홍사로 이름을 바꾸었다. 이후 수차례 화재로 전각을 모두 소실하고 일곱 차례 중창을 거치면서 1933년 지금의 터로 적멸보궁을 이전

중수하여 그나마 지금의 모습을 이루었으니 참으로 안타까운 일이다. 현재는 신라시대 구산선문의 화려한 자취는 찾아보기 어렵고 부처님 진신사리를 모신 5대 적멸보궁 중 하나로 그 맥을 이어오고 있다.

징효스님은 선문구산 중 사자산파 제2조로서 화엄학의 무애법계 연기를 터득하였다고 한다. 징효스님이 화엄학에서 시작하여 선의 세계에 들어간 것은 신라의 선이 후대 화엄학과 깊은 관계를 가지게 된 것과 맥락을 같이한다. 징효스님에 의해 사자선문은 화려한 꽃을 피워 고려시대까지 이어졌는데 그 법통을 전수받은 여종, 홍가, 지공 등 천여 명의 제자들이 법맥을 이었다. 지공스님은 나옹화상의 스승이고 나옹화상은 무학대사의 스승이니 법흥사는 조선시대까지 이어지는 한국 법맥의 주요 도량이었다.

주차장에서 차를 내려 원음루를 통해 사찰로 들어가는데, 이 원음루라는 명칭이 재미있다. 종루는 대부분 범종루, 종루라는 명칭을 사용하는데 원음루는 '둥근 소리 누각' 이라는 뜻이다. 원음이라는 말은 선덕대왕신종 명문에 나오는 말이다. 원만한 음, 완성된 음으로 해석되며 바로 부처님이 내는 완성된 음이라는 뜻이다.

법흥사 종루 원음루

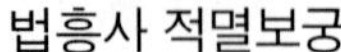
법흥사 적멸보궁

사리를 경배하는 보궁 내부

적멸보궁

적멸보궁은 황량한 입구를 지나 산속으로 500미터쯤 올라가면 사찰에서 제일 높은 곳에 있다. 넓고 큰 돌을 엮어 1단 지대를 마련하고 목조건물을 지었는데, 정면 3칸, 측면 1칸이며 최근 팔작지붕으로 보수하였다. 적멸보궁의 정형적인 양식에 따라 불상을 모시지 않았으며, 건물 뒤편을 보고 경배할 수 있도록 정면은 유리창으로 만들었다.

적멸보궁 뒤에는 자장스님이 불사리를 봉안하고 수도하던 곳이라 전해지는 토굴과 사리탑이 있다. 토굴은 적멸보궁 뒤편 축대 위에 있는데, 신라 선덕여왕 때 축조했다고 전하지만, 고려시대에 조성했으리라 추정한다.

석가모니부처님 사리는 보통 탑에 봉하는데, 오대산 보궁은 흙무덤에 작은 탑비를 세우는 독특한 무덤형 구조였다. 이에 비해 법흥사는 토굴로 만들어 그 안에 수행자의 공간을 둔 것이 특징이다.

토굴 외부는 뒤편 낮은 언덕으로부터 내려오는 완만한 경사를 이용하여 그 흙으로 석실을 엎었는데 남향 입구만 높고 뒤편은 경사 때문에 약간 봉긋한 원형을 이루어 마치 무덤 같은 모습이다. 내부 높이는 키 작은 사람이 겨우 설 수 있을 정도인 160cm, 너비는 190cm에 불과

해 앞쪽에 조그마한 숨구멍만 남겨둔 무덤이나 마찬가지이다. 자장율사 이후 다른 고승이 이곳에서 수도를 했는지는 알 수 없으나 이곳에 석관을 안치하여 고승의 사리나 유골을 봉안하고 경첩을 간직하였을 것이라 추정한다.

토굴 입구에 서 있는 사리탑은 11세기 양식으로, 누구의 탑인지는 아직 밝혀지지 않았다. 원래 사리탑은 사찰 외각에 배치하는데, 이 사리탑은 그 위치로 인해 불탑인 양 오해를 받기도 한다.

적멸보궁 토굴과 사리탑

제4부

전라도의 명승고찰

솥 위에 서 있는 미륵, 금산사

금산사 미륵성지의 특징과 의미

통일신라 진표율사가 미륵신앙을 펼치려고 조성한 곳으로 백제계 미륵신앙이 3처 사찰로 확대되는 미륵성지의 제1가람이다. 백제계 미륵 하생신앙 전통에 의거하여 3층건물과 삼존불로 이루어진 미륵전을 비롯하여 미륵수행법인 점찰계를 수계할 수 있는 방등계단을 조성함으로써 미륵신앙의 구체적 실천수행법을 체계화하였다. 속리산 법주사, 지금은 소실된 금강산 발연사와 더불어 미륵 3대 성지 사찰이다. 미륵전 내 삼존불은 모두 입상이지만 1불 2보살 형상을 취하였다. 미륵불은 대개 야외에 조성하는데, 여기는 건축물 안에 조성했다는 점이 특징이다.

모악산 금산사

금산사는 전주 모악산 아래에 있다. 모악은 엄뫼, 큼뫼에서 유래하는데, 큰 산을 말한다. 큼은 금으로, 뫼는 산으로 바뀌어 금산이 되는데, 이 역시 큰 산을 의미한다. 김제가 낮은 평야지대임을 상기해 보면 모악산 정도는 큰 산으로 신성의 대상이 되었을 것이다. 그 산 아래 좋은 터에 넉넉함을 느끼게 하는 사찰 금산사가 자리를 잡았다.

금산사의 창건

금산사 창건의 유래는 삼국시대 백제 때까지 거슬러 올려간다. 서기 599년 백제 법왕 때이므로 그 역사가 1,400년이나 된다. 백제 왕실의 안녕과 평화를 기원하는 사찰로 창건할 당시에는 규모가 작았으나 통일신라 진표율사가 중창하였다. 후삼국시대에 견훤이 금산사를 주로 찾았는데, 훗날 아들 신검이 아버지를 이곳에 유폐한다. 조선시대 정유재란을 겪으면서 금강문 외는 모두 불탔으나 선조 34년에 재건을 시작하였다. 이후 인조 때 완성하여 오늘에 이른다.

진표율사가 미륵삼존상을 조성하면서 금산사는 미륵신앙을 중심으로 하는 법상종의 근본 도량으로 발전하였다. 따라서 이곳은 백제가 멸망하기 전 무왕이 미륵사를 창건한 이후 통일신라시기에도 백제 미륵신앙이 중흥하였음을 증명하는 사찰이다.

백제 계통의 미륵신앙이 한국의 마을 미륵을 통해 민간신앙으로 확대되어 오늘에 이르고 있으니 금산사 미륵신앙은 한국 민속신앙사에서도 중요한 의미를 차지한다. 금산사 미륵신앙은 미륵삼회설법을 상

모악산과 금산사 전경

징하는 미륵전에서 그 절정을 이룬다. 미륵전은 3층인데, 주불은 입상이고 3존 불상 양식이다. 일반적으로 미륵삼존불은 3존 모두 부처님 모습을 조성하는데, 금산사의 경우 본존은 부처님을 조성하였으나 좌우 보처는 보살상처럼 보관을 씌웠다.

미륵불은 입상일 경우 땅에 묻힌 형국이라 보통 발 부분을 명확하게 조성하지 않는다. 하지만 이곳 부처님은 신비롭게도 입석 아래쪽을 쇠솥으로 만들었다. 이 솥 모양은 이곳이 증산교의 신앙대상지로서 회자되는 이유이기도 하다. 미륵신앙의 양태 중 점찰(점을 쳐서 신앙의 실천방법을 결정함)이라는 독특한 실천 수행을 하는 것도 다른 사찰의 수행법과 구별되는 점이다.

삼국유사에 전하는 진표율사

진표는 전주 사람으로 성은 정(井)이고 금산사 숭제법사의 제자이다. 명산을 유람하다가 선계산 불사의암에 머물러 삼업을 닦고 참회법으로 계를 얻었다. 지장보살로부터 계를 받았으나 미륵불에게 기도를 계속하였더니 미륵이 감응하여 나타나 점찰경 두 권과 간자 189개를 주었다. 미륵이 이르기를 "그 가운데서 제8간자는 새로 얻은 계를 비유함이요, 제9간자는 계를 얻은 것을 비유함이다. 이 두 간자는 내 손가락뼈요, 그 나머지는 모두 침단목으로 만들어진 것이다. 이는 모든 번뇌를 말한 것이니 너는 이것으로써 세상에 법을 전하여 사람을 구제하라"고 하였다. 이에 진표가 금산에 내왕하여 단을 열어 널리 법을 베푸니, 그 법단의 엄정함이 감히 전례가 없었다. 사리는 지금 발연사에 있으며 법을 얻은 제자들로 영심, 보종, 신방, 체진, 진해, 진선, 석충 등이 있는데 모두 산문의 개창조가 되었다.

미륵전

금산사의 가장 중심 전각으로, 3층짜리 목재 건축물이다. 내부는 통층으로 만들어 1층으로 보이고, 외부에서 보는 각 층 현판이 모두 달라 특이하다. 미륵이 이 땅에 하생하여 설법 세 번으로 중생을 교화한다는 미륵하생신앙에 근거하여 3존 불상, 3층 건축물, 세 곳의 미륵성지(김제 금산사, 속리산 법주사, 금강산 발연사) 등 3이라는 숫자를 사용한다. 3이라는 숫자를 맞추지 못할 경우에는 1불상을 표현하되 입상으로 만든다. 따라서 야외에 서 있는 불상은 거의 미륵불이라고 보면 된다.

금산사 미륵전 1층 현판은 '대자보전' 이다. 이는 대자비를 말한다. 미륵은 자시(慈氏)보살이라고도 한다. 2층 현판은 '용화지회' 인데 용화는 미륵의 국토 이름이며 회는 법을 설하는 곳이다. 3층 '미륵전' 은 미륵불이 계시는 전각이라는 뜻이다. 각층 명칭이 다름은 3회 설법의 상징이고, 3회 설법은 바로 미륵하생신앙의 특징이다. 미륵전 내 본

금산사 미륵전

존불은 입불인데 정유재란 후 인조 때 조성하였다. 진흙으로 구운 소조불이며 주불은 1934년에 화재로 소실되었는데 1938년 석고로 다시 복원하였다. 진표율사가 처음에 모실 때는 보처불이 없는 독존 철불이었는데 정유재란 때 왜병이 미륵전을 불태우고 철불을 뜯어 갔다고 한다.

미륵불의 발아래는 돌로 된 연꽃을 만들거나 아예 만들지 않고 땅에 묻는 경우가 많다. 그런데 이곳 미륵불은 발아래가 철로 된 솥이다. 택리지와 전설에 의하면, 철솥을 만든 이유는 금산사 미륵전 터가 원래 연못이었는데 이를 메우기 위해 숯을 사용하였고, 숯 위에 돌로 된 연화대를 올리니 숯이 불(火)의 성격이라 돌(土)이 떠내려가 버렸다. 그래서 숯의 성질을 감안해 쇠(金)로 된 좌대를 올려 안정성을 도모했다고 한다.

원래 솥은 하늘에 제사를 지내는 신성한 물건이다. 고대왕권의 상징물로서 중국에서는 구정(九鼎)을 둘러싼 쟁탈전이 벌어졌을 정도다. 미륵불은 다른 부처와 달리 우리가 살고 있는 이 국토에 도래할 미래의 절대 신성자이다. 신권의 상징물인 솥을 조성한 이유가 단지 실용성만은 아닐 것이다. 미륵성지 법주사와 고려의 미륵성지 개태사에도 큰 무쇠솥이 전해지는 바, 미륵신앙지에는 반드시 조성해야 하는 또 하나의 성물이 아닌가 한다.

방등계단

미륵전 옆 언덕 위에 석종형 사리탑이 있다. 방등계단이라고 하는데, 수계법회(受戒法會) 때 사용하는 일종의 의식 법회장소이다. 방등계단은 양산 통도사에도 있는데, 계의 정신이 일체에 평등하게 미친다는 의미이다.

5층 석탑과 나란히 서 있는 이 석종은 종 모양 석탑이다. 널찍한 2층 기단에 사각형 돌을 놓고 그 위에 탑을 세웠다. 석종형 탑은 인도 불탑에서 유래하였으며, 외형이 범종과 비슷해 석종이라고 한다. 기단 각 면에는 불상과 수호신인 사천왕상을 새겼다. 특히 아래층 기단 4면에는 인물상이 새겨진 돌기둥이 남아 있어 돌난간이 있던 자리임을 추측하게 한다. 난간 네 귀퉁이마다 사천왕상이 서 있으며 탑신을 받치고 있는 넓적한 돌 네 귀에는 사자머리를 새기고 중앙에는 연꽃무늬를 둘렀다. 판석 위에는 종 모양의 탑신이 서 있는데 꼭대기에는 밖으로 머리를 향한 용 아홉 마리를 조각하였고, 그 위로 연꽃모양을 새긴 돌 2매와 둥근 석재를 올려 장식하였다. 기단에 조각을 둔 점과 돌난간을 두르고 사천왕상을 배치한 점 등으로 미루어 볼 때 불사리를 모신 사리계단으로 해석할 수 있다. 진표율사가 창건할 당시부터 계단이 있었다고 하는데, 현재의 계단은 고려 전기 작품으로 추정한다.

미륵성지가 되는 금산사 방등계단은 계를 받는 곳이다. 미륵 세상에 태어나기 위해 계를 받는 곳이므로 조건부 승차권을 받는 곳이라

방등계단

고도 볼 수 있다. 이런 이유로 혹자는 이를 미륵상생적인 신앙의 산물이라 해석하여 미륵상생신앙 조형물이 금산사에 함께 있다고 설명하기도 한다. 그러나 계를 수지하되 미륵보살님이 계신 도솔천에 왕생하기를 기원하는 것이 아니라 미륵이 하생하는 국토에 태어나길 염원하는 의미로 수지한다고 보면 굳이 이를 미륵상생신앙으로 해설할 이유가 없다. 오히려 미륵하생신앙으로 보는 것이 진표율사의 미륵신앙과 맥이 통한다.

당시 진표율사가 행했던 미륵하생신앙의 실천수행법이 점찰참회계법이었음을 생각해보면 이 계단이 단순히 미륵을 만나기 위해서 계를 받는 곳이 아니라 미륵하생신앙의 실질적인 수행법을 전하는 곳이라고 봐야 한다. 미륵수행법인 점찰참회계법은 참회와 더불어 계를 수지하고 이를 실천하는 수행방법으로 점을 치는 독특한 수행법이다. 참회를 병행하면서 점찰로 확인하는 법회 방식에서 미륵전과 방등계단이 불가분의 관계가 있었음을 알 수 있다.

팔재계

불교신자가 되려면 계를 받아야 하는데 가장 기본적인 계가 5계이다. 살생하지 않는 것, 도적질 않는 것, 음행하지 않는 것, 거짓말을 하지 않는 것, 술을 마시지 않는 것 등이다. 여기에 높고 편안한 침대에 눕지 않는 것, 때가 아니면 먹지 않는 것, 화장을 하지 않고 춤과 노래를 즐기거나 익히지 않는 것 세 가지를 더하면 8계가 된다. 8재계는 승려가 비구계를 받는 데 반해 재가자는 한 달에 하루만이라도 출가자와 같은 계를 지키라는 뜻이다.

이러한 8계 수지 행사를 축제로 승화한 것이 팔관재이다. 우리나라 불교에서는 전통적으로 5계나 8재계가 수지되어 고려 때까지 이어졌다. 최근에 성행하는 보살계는 대승보살신앙이 강조되면서 나타났다. 출가자와 재가자 구분 없이 받을 수 있는데 이는 대승불교의 영향력 때문이다. 팔재계는 석가모니부처님께서 직접 재가자에게 일러주었는데, 미륵경에도 석가모니부처님으로부터 받은 8재계를 수지한 인연으로 미륵세상에 난다는 대목이 있다.

한국 남도 정신문화의 총화, 해남 대흥사

해남 대흥사의 특징과 의미

대흥사는 강진과 해남을 잇는 남도문화의 중심으로 임란 당시 승병장이던 서산대사의 유언에 의해 대가람을 이루었다. 16대 선사 · 13대 강사를 통한 불교사상과 고산 윤선도 · 추사 김정희 · 다산 정약용 등 조선 유학 대가들의 사상이 교류하면서 실학사상이 창출된 곳이기도 하다. 대선사들이 마음법을 이어온 선불교와 화엄사상의 전통을 기반으로 하면서도 주불전인 대웅보전과 천불전을 통해 흐르는 법화사상은 현실세계에 관심이 높아 실학사상과의 관련성을 짐작할 수 있다.

넓은 평야와 풍부한 수산물이 여유를 자아내고 아늑한 산이 어우러진 지형이 평화롭다. 판소리, 풍물, 서도, 서화, 사상 등이 어울려 실학이라는 이름으로 꽃을 피웠으니 대흥사는 근세 한국 전통 사상의 근원지라고 아니할 수 없다.

대흥사는 원래 한들절이라 했는데 이는 두륜산의 원래 이름이 한듬이었기 때문이다. 해남은 남해와 서해를 경계하는 국토의 최남단으로 산세가 험하지 않는 곳인데, 바다를 향해 내려가던 산줄기가 여기서 불쑥 솟아올라 한듬이라고 불렀다. 이를 한자와 섞어 대듬이라고 하다가 큰 언덕을 뜻하는 대둔산이 되었고, 한듬절은 대둔사로 바뀌었다가 근대 이후 대흥사로 고착되었다.

응진전 앞 삼층석탑을 보고 이 절이 신라 말에 창건되었다고 추측한다. 조선시대 들어 서산대사가 묘향산에서 입적할 때 "삼재가 들어오지 않는 곳이며 만세토록 파괴가 없는 곳으로, 종통의 귀의처라"라고 하며 자신의 의발을 부촉하면서 크게 중흥하였다. 이후 16대 조사와 대강사 13분을 배출하였다.

대흥사가 있는 곳은 한국문화의 1번지라고 하는 해남 · 강진 지역이다. 한국 남농학파의 근원지이고 판소리 문화의 1번지이다. 호남좌우도 풍물의 고장이며 유배지 문화로 잘 알려진 곳이기도 하다. 넓은 곡창지대와 풍부한 해산물로 풍요로운 땅 해남 · 강진 지역은 수도 한양과 멀리 떨어져 조선시대 화려한 정신문화로부터 소외됨직도 하건만 추사와 다산 등 당대 석학들이 이곳으로 유배를 오면서 사정은 달라졌다. 이들이 지역 지식인층과 교류를 하면서 대흥사는 조선시대 정신문화를 창출하는 근원지가 되었다.

대흥사는 신라시대 아도화상이 창건했다고 전하는데 확실하지는 않다. 고려 때 천태종 소속 고승 진정국사 천책스님이 이곳에 머문 것으로 보아 당시 주요한 사찰이었을 것이다. 대흥사가 오늘날의 가람규모를 갖춘 것은 조선시대 서산대사 때라고 한다. 서산대사는 임진왜란 때 승병대장으로 잘 알려졌지만 불가에서는 선승으로 더 유명하다. 저서 『선가귀감』은 대사의 선수행이 얼마나 깊은지 가늠하게 해준다.

대흥사의 주불전은 침계루 쪽 대웅보전이다. 응진전과 통일신라기 삼층석탑이 있는 곳이다. 사찰로 진입하면 정면에 대둔산을 배경으로 조성한 천불전이 있어 이곳이 중심 신앙처인 것처럼 느껴지지만 이는 남원 신앙공간을 이루는 주요 신앙처일 뿐이다.

대웅보전 삼존불과 천불전 삼존불로 보아 조선시대에 중건한 대흥사에는 전체적으로 법화신앙이 자리를 잡은 듯하다. 서산대사를 모신 표충사와 초의선사 · 소치 허유가 창건한 대적광전에 이르면 삼국시대 아도화상으로부터 이어져 내려온 선종의 전통을 찾아볼 수 있다.

대웅보전

대흥사에서 가장 중심이 되는 신앙공간이며 중심 전각이다. 3존불 모두 목조인데, 개금된 금색신 모습이다. 주불은 석가모니불이고, 좌우에 약사불과 아미타불을 보처불로 봉안하였다. 보처불은 주불보다 약간 작으며, 약사불은 오른손에 약함을 들었고 아미타불은 설법인을 취하였다.

각 불상마다 뒤편에 독립적인 탱화를 배치하였다. 석가모니불 뒤쪽은 문수와 보현, 가섭, 아난을 그린 탱화이다. 약사불 뒤편은 일광 월

대흥사 대웅보전

광보살이 있는 약사탱을 배치하였고 아미타불 뒤편은 관세음과 대세지보살이 있는 미타탱을 배치하였다. 불단은 화려한 꽃무늬를 장식한 수미단을 조성하였고, 주불 상단에는 화려한 보개를 두었다. 학을 탄 천인상과 극락조 등의 목조 장식품이 허공에 걸려 있다.

대흥사의 8개 다리

대흥사는 다리 8개를 건너야 대웅전에 이른다. 걸어서 들어가다 보니 모두 특색이 있다. 그런데 왜 이렇게 다리를 8개나 만들었을까?

우리가 살고 있는 사바세계에서 수미산으로 가려면 쇠로 된 산 7개와 바다 8개를 지나야 하는데 금산 7개를 기둥삼아 다리를 만들어 건너기 때문에 8개 다리가 필요한 것이다. 그러므로 8개 다리는 사바세계에서 수미산에 들어감을 상징한다. 여타 사찰에서는 8개나 만드는 게 여의치 않아 한두 개만 만들지만 이곳 대흥사는 8개를 모두 조성했다. 그 이름은 현무교, 이원교, 운송교, 홍류교, 강화교, 피안교, 반야교, 신진교이다.

천불전

천왕문을 지나면 대둔산을 정면으로 바라보면서 만나게 되는 전각이다. 가허루(駕虛樓)라는 현판이 적힌 문을 지나게 되는데, 허공을 넘어가는 가마라는 뜻이니 천상의 궁전을 가마 타고 들어가는 문이 되는 셈이다. 가허루를 통과하니 좌우측 작은 건물에 둘러싸여

천불전 입구 가허루

있는 천불전 앞마당이 평온하게 느껴진다. 천왕문을 지나면서 어수선해진 시선이 정리되고, 아늑한 정원을 만나는 셈이다. 생각보다 높은 석축을 오르니 천불전 내부가 보인다.

대흥사 천불전

천불전은 모두 천 개의 불상이다. 전하는 말에 의하면 천불전을 만들 때 완호대사가 옥으로 만든 천불상을 경주에서 배 2척으로 싣고 오는데 폭풍을 만나 한 척이 일본으로 흘러가버렸다. 이를 발견한 일본인들이 옥불을 모시려고 절을 짓는데 꿈에 불상이 나타나 "해남 대흥사로 가는 중이니 그곳으로 보내 달라"고 하였다. 그래서 일본까지 갔다가 돌아온 불상에는 좌대 아래에 일자를 새겨놓았다고 한다.

이렇게 불상을 많이 만드는 것은 1,000개의 과거불, 1,000개의 현재불, 1,000개의 미래불을 모두 만드는 신앙에서 유래하는데, 1,000불은 많음을 상징하는 또 다른 표현이다. 대흥사 천불은 바로 현재 부처님이 많이 존재하므로 누구나 부처님을 부르면 현신하여 가피를 준다는 신앙의 표현이다.

천하제일 명당 표충사

대흥사를 중흥시킨 인물 서산대사를 추모하는 공간이다. 서산대사의 자는 현응, 호는 청허 서산, 속성은 완산 최씨이다. 평안도 안주 출신으로 선조 22년(1592) 임진왜란이 일어나자 팔도도총섭이 되어 1,500 승병을 통솔하였다. 정조대왕이 표충선사라는 칭호를 내려 스님을 모신 전각이 표충사가 되었다. 표충사는 서산대사의 은덕을 추모하여 제자들이 1669년에 건립한 사당이다. 청허당 서산대사와 그의 제자인 사명대사, 전라도에서 의병을 일으켜 전공을 세운 뇌묵당 처영대사를 같이 모셨다. 이처럼 사찰 경내에 유교형식의 사당을 겸한 예는 우리나라에서는 보기 드물다.

표충사는 풍수를 공부하는 사람들에게는 유명한 곳인데 그만큼 터가 좋다는 말이다. 주차장에서 조금 걸어 일주문을 들어서면 부도밭이 먼저 보인다. 탑비 14기와 13대종사, 13대강사를 비롯한 다양한 모양의 부도 50여 기가 자리하여 대흥사의 깊은 역사를 짐작케 한다. 서산대사 부도는 이곳 부도 가운데 가장 예술성이 뛰어난 작품으로 부도전 담장 안 맨 뒷줄 오른쪽에 '청허당(淸虛堂)' 이라고 새겨놓았다. 표충사 아래 박물관에는 서산대사의 염주 2종과 금란가사, 옥 바릿대, 수저 등 관련 유물을 보관하였다.

대광명전

대적광전이라고도 하는데 비로자나불을 주불로 하는 전각이다. 대흥사 대광명전은 그 외형 때문이 아니라 초의선사와 추사 김정희, 소치 허유의 정분이 담긴 곳인지라 소개해둔다.

초의선사는 일지암 주지로서 한국의 차문화를 정립한 인물로 우리에게 잘 알려졌으나 한편으로는 서산대사의 13종사의 한 사람으로 서산대사의 법맥을 이은 분이기도 하다. 소치 허유는 추사 김정희의 제자이자 한국 산수화의 대가로서 남농화풍으로 유명하다. 금석학과 서체의 대가 추사는 강진으로 유배를 오는데 이곳은 바로 그의 외가 동네였다. 고산 윤선도가 추사의 외가 할아버지가 된다.

고산의 집안에는 대대로 가보로 전하는 그림첩이 있었는데 추사는 그걸 가져다 공부를 하다가 소치에게 그림을 전수한다. 이렇게 해서 소치는 오늘날 한국 산수화를 대표하는 남농화를 세상에 드러내게 되었다.

천불전 앞 무염지

추사가 다시 제주도로 귀양을 가게 되자 초의선사와 위당 신관후, 소치 허유가 함께 정성을 모아 추사의 방면을 기원하는 건물을 지었으니, 바로 대광명전이다. 대광명전은 아쉽게도 사중 선방으로 사용하고 있어 대중에게는 공개하는 경우가 별로 없다. 천불전 앞에 가면 무염지라는 곳에 초의선사의 필체로 '무염지' 라는 글씨가 바위에 새겨져 있다.

일지암

대웅전에서 700m 가량 가파른 산길을 올라가면 우리나라 다성으로 추앙받는 초의선사가 '다선일여' 사상을 생활화하기 위해 꾸민 일지암이 나온다. 초의선사는 39세 때부터 81세로 입적할 때까지 40여 년을 이곳에서 지냈다. 이곳에서 그 유명한 『동다송』과 『다신전』을 펴냈고, 선다일여의 가풍을 드날리며 다산 정약용, 추사 김정희와 같은 석학, 예인들과 교류했다. 쇠퇴해가는 차문화의 중흥을 도모했던 이곳 일지암이 한국차의 성지로 각광받고 있다.

옛 정취가 그대로 살아 숨 쉬는 차나무를 정자 앞에 심고, 차를 음미하던 우물을 팠으며, 집 뒤 바위틈에서 솟아나는 물을 나무대롱에 연결하여 상단, 중단, 하단 세 개의 돌확[수조]에 흘려보낸다. 다천과 돌확, 차를 끓이던 다조, 위아래 연못과 좌선석 등을 옛 모습대로 복원해놓았다.

일지암 전경

흰 양이 사람으로 환생한 절,
백양사

백암산 백양사의 특징과 의미

백암이라는 말에서 거대한 기운이 함축되어 신성한 곳이라는 느낌이 든다. 법력 높은 도인이 거주하면서 백양을 제도했다는 백양사. 지명에 어울리게 화려한 풍경이 세인의 관심을 끌어 가을 단풍철에는 해마다 인산인해를 이룬다.

백양사는 이러한 명당에 고불총림을 만들어 많은 도인을 양성한다. 상왕봉 아래 터를 잡은 대웅전은 백암의 기운을 고스란히 모은 곳으로, 법화사상의 흔적이 보인다. 과거 쌍계루와 우화루를 거쳐 극락전에 이르는 사찰배치로 보아 화엄사상과 선종의 배경 아래에 극락국토를 조성했을 것이다.

백양사의 창건

백양사는 1,400여 년 전인 632년(백제무왕 33년)에 백제 승려 여환(如幻)이 창건하였다. 처음에는 백암사라 불렀는데 고려시대인 1034년(덕종 3년) 중연스님이 중창한 후 정토사라 개칭하였다. 그 후 조선시대 1574년 환양선사가 중건하면서 다시 백양사로 이름을 바꾸었는데 여기에는 이런 일화가 있다.

매일 아침 스님이 법화경 독경을 하고 있노라면 백학봉 밑에 사는 흰 양들이 법당 앞으로 몰려와 듣다가 돌아가곤 하였다. 몇 달이 지나 스님의 꿈에 양이 나타나 인사하기를, 독경소리에 깨달음을 얻어 사람으로 환생하게 되었다는 것이다. 스님의 높은 법력으로 축생을 제도하였다 하여 이후 절 이름을 백양사로 고쳐 불렀고, 스님의 법명 역시 환양이라 하였다고 전한다.

백암이란 백양사 뒤편의 거대한 암석군이 흰색을 띠고 있어서 불린 이름이다. 산악을 신성시했던 우리 조상들은 특히 거대한 바위가 있는 곳을 신성한 제단으로 여겼다. 또한 흰색은 순수와 신성을 뜻하는데 하물며 흰색을 띤 거대 바위는 그 자체로 성역이다. 이러한 백암산에 흰 양이 살았던 모양인데 산양을 제도했다 하여 백양사로 이름이 바뀌었지만 오히려 백암산이라는 지명이 이 사찰의 특징을 짐작케 한다.

기운이 센 곳은 아무래도 선수행처가 자리 잡기 쉽다. 백양사에는 수많은 선객이 와서 수행을 했을 테고, 고승도 많이 배출되었을 것이다. 아니나 다를까 쌍계루 앞 부도전에서 백양사에 머물렀던 수많은 고승의 유적을 찾아볼 수 있다. 사천왕문에는 아예 고불총림백양사라고 적어놓았다.

고불은 연등불, 칠불 등의 과거세 부처님으로 해석되기도 하지만 많은 고승을 상징하기도 한다. 부처라는 말이 형상과 모양 아닌 진리를 뜻하는 용어이므로 고불은 인간의 면목 자체를 말하는 '근원적인 그 자리' 를 밝힌다는 의미를 가진다. 그러므로 고불총림은 선종을 중시하는 총림을 뜻하고 유명한 선사들이 이곳에서 많이 나왔음을 의미한다.

백양사 쌍계루

백양사에 이르면 단풍나무에 둘러싸인 쌍계루의 단아한 자태가 먼저 눈에 들어온다. 단풍나무숲과 수백 년 된 아름드리 갈참나무가 방문객을 반겨준다. 단풍 숲길을 오르다 만나는 쌍계루를 두고 고려 말 대학자 목은 이색은 "두 냇물이 합치는 곳에 들어선 누각이 물에 비쳐 그림 같다"고 찬탄한 바 있다. 진홍색 가을단풍과 흰 이마를 드러낸 백학봉이 쌍계루 앞 연못에 반사되는 풍경은 백암산의 운치를 더한다.

이처럼 백양사 입구의 쌍계루는 백양사의 단풍을 가장 잘 볼 수 있는 명소인데 전국적으로도 가을단풍의 대표적인 장소로 손꼽힌다. 양쪽 계곡이 합류하는 곳에 누각을 세우고 보를 만들어 주변 단풍이 물에 비치는 환상적인 전경을 만들어낸다.

백양사 쌍계루

쌍계루를 옆에 끼고 세월교를 넘으면 경내가 시작된다.

대웅전

오른쪽으로 백암에서 넘어오는 기운을 받고 큰 위엄을 보이며 대웅전이 서 있다. 대웅전은 1917년 송만암 대종사가 백양사를 5중창하면서 건립한 건물로 역사는 그리 길지 않지만 전통적인 건축 형태를 잘 간직하고 있다. 대웅전 뒤의 백암바위가 부처님처럼 우뚝 솟은 형국이라 백암산 아래 백양사임을 한눈에 느끼게 한다.

불전 안은 본존인 석가모니불을 중앙에 두고 좌우에 문수 · 보현보살을 협시했다. 불단에는 최근에 조성한 금동불을 봉안하였다. 부처님 일대기를 그린 팔상도와 그 아래 쌍봉사에서 모셔 온 나한상들의 배치가 눈길을 끈다.

상왕봉 아래의 대웅전

백양사 대웅전은 건물 뒤편의 불탑과 더불어 독특한 사찰구조를 형성한다. 여느 사찰이 전각 앞마당에 탑을 세우는데 비해 이곳은 사자 네 마리가 받든 불탑을 전각 뒤에 조성했다. 어쩌면 적멸보궁처럼 사리탑을 경배하게 하는 이곳의 배치가 오히려 바른지도 모르겠다.

우화루

우화루의 우화(雨花)는 '하늘에서 꽃비가 내린다는 뜻' 으로 법화경에서 유래한다. 특히 설법과 관련이 있는데 법화경서품에, "이때에 하늘에서 만다라화, 마하만다라화, 만수사화, 마하만수사화가 부처님 좌상과 여러 대중 앞에 비 오듯 우수수 쏟아졌다" 는 내용이 있다. 법화경에 나타난 상서로운 장면 여섯 가운데 세 번째이다. 바로 석가세존께서 법화경을 설하려고 삼매에 드셨을 때 하늘에서 꽃 4종이 비 오듯 쏟아지는 장면이다. '우화'는 꽃 화(花) 대신 화려할 화(華)를 사용하여 '우화(雨華)'로 쓰기도 한다.

우화루는 부처님이 설법하시는 누각을 뜻하는데 주로 법당 대신 설법공간으로 쓰려고 만든다. 다른 곳에서는 흔히 보제루라고 하여 법당 맞은편에 조성한다. 만암스님이 중창하기 전에는 백양사에 극락전만 남아 있었다는데, 이 극락전과 연계하여 우화루를 조성한 것으로 보인다.

극락보전

정면 3칸 측면 3칸으로 맞배지붕이며 화려한 다포계 건축물이다. 상왕봉 아래쪽에 대웅전을 새로 조성하면서 주 신앙공간에서 비켜나게 되었지만 사찰에 진입할 때 정면으로 제일 먼저 보인다. 백암사로 창건하였다가 정토사로 이름이 바뀔 때 아미타불을 모시고 극락전을 조성하였을 것이다. 세월교를 넘어 사찰에 들 때 만나는 우화

극락보전

루와 정면으로 마주보는 건물로, 과거에는 이곳이 주 신앙공간이었을 것이다.

본존불은 아미타불 1존불만 봉안하였고 아미타회상도를 후불탱화로 모셨다. 아미타불이 계시는 극락에는 구품 연못이 있다고 하였으니 쌍계루 정면에 이 극락전이 있음으로 해서 이전에는 이곳 백양사가 극락국토를 상징하는 사찰 구조를 취했으리라 짐작한다.

칠성각

진영각과 칠성각은 같은 건물을 나눠 사용하는데 백양사 칠성각은 칠성신앙과 관련해서 살펴볼 필요가 있다.

백양사 칠성각 내의 칠성

칠성은 약사여래 신앙에 많이 보인다. 일반 사찰에서는 주로 삼성각을 조성해 산신, 나반, 칠성을 모시는데, 이에 비해 진영각 옆에 따로 모신 칠성각은 그 의미가 예사롭지 않다. 삼성각은 원래 민족전래신앙을 불교적으로 수용한 것으로, 사찰의 주 공간에서 벗어나 외각에 조성한다. 그런데 주 공간 바로 옆에 칠성각을 따로 두었다는 것은 이 지역이 유독 칠성신앙의 뿌리가 깊다는 말이다. 또한 여타 사찰이 탱화로 봉안하고 마는 데 반해 이곳 칠성은 부조 입상으로 조성하였다.

칠성은 수명을 관리하는 존재이다. 따라서 장수 염원이 특징이다. 그러나 민중은 일상에서 다양한 소원 성취의 영험 있는 존재로 칠성을 신봉해왔다.

오묘한 구름에 머물며 선정을 닦는 절,
고창 선운사

선운사의 특징과 의미

오묘한 구름에 머물면서 갈고 닦아 선정의 경지를 얻는다는 선운사는 검단선사가 이름을 지었다고 전하는데 그 이름을 통해 이곳이 선종사찰로 터를 잡았음을 알 수 있다. 선운산의 원래 이름은 도솔산인데 선운사가 유명해져 선운산으로 바뀌었다. 선운사보다는 도솔암이 먼저 창건되었는데, 이는 미륵신앙과 관련 있는 이름이다.

도솔암 내원궁에서 바라보는 선경

미륵불은 사바세계에 오기 전 보살 신분으로 도솔천에서 중생을 교화한다. 그러므로 도솔산은 미륵불이 머무는 곳을 상징한다. 이 산이 도솔산인 것은 도솔암 미륵마애불상 때문이다. 이 산은 마애불상을 중심으로 한 미륵성지였을 테고 도솔암은 주된 신앙지역이었을 것이다.

이러한 미륵 성지에 백제 검단선사가 선종 계통의 선운사를 개창하면서 선운산이 되었다. 백제의 주 신앙이 미륵신앙이고 이 지역이 백제의 영역임을 상기하면 미륵신앙의 도입은 자연스럽게 느껴진다.

현재 미륵신앙의 주 신앙공간인 내원궁에 지장보살이 좌정하여 현세 중생을 구원하는 모습도 인상적이다. 선운사 대웅전 내부를 살펴보면 주불을 법신불인 비로자나불로 구성하고 관세음보살 후불벽화를 조성하였다. 미륵국토에 화엄사상과 선종을 바탕으로 관세음보살, 지장보살에 이르는 통합적 신앙세계를 구축한 것이다.

선운사 도솔암 마애불

도솔암 암벽 칠송대 바위에 거대한 마애불상이 새겨져 있다. 전설에 의하면 백제 위덕왕(597년)이 검단선사에게 부탁하여 암벽에 불상(마애불)을 조각하였다고 전하는데, 불상 양식으로 볼 때는 고려 초기의 불상이다. 사람들은 이 마애불을 미륵불이라 부른다.

불상의 배꼽에 신기한 비결이 숨겨져 있다는 전설 때문에 동학농민전쟁 당시 동학의 주도세력이 미륵의 출현을 내세워 민심을 모으려고 이 비결을 꺼내 가는 사건이 발생하기도 하였다. 마애석불 배꼽 부위에는 서랍이 하나 있는데 그 속에 신기한 비결이 들어 있어 그것이 세상에 나오는 날 한양이 망할 거라는 유언비어가 당시 널리 퍼졌다. 이에 동학도들은 석불 배꼽을 부수고 그것을 꺼내 갔다. 결국 이 일로 동학군 수백 명이 잡혀 들어가고 그중 주모자 세 명은 사형을 당했다.

도솔암 마애미륵불

비결은 손화중이 어디론가 가지고 갔다고 하는데, 이후 행방을 알 수가 없다. 다만 비결을 꺼낸 후로 조선이 망하고 일제강점기를 맞이하였으니 결과적으로 이 유언비어가 맞은 셈이다.

이러한 미륵신앙을 통해 혁명사상을 보완했던 예는 비단 도솔암 마애석불만의 일은 아니다. 조선 후기 지배층에 대항한 장길산 반란, 미륵요인 살인계 사건 등 미륵신앙을 배경으로 끊임없이 계속되던 저항은 동학군 사상으로 이어졌다. 하지만 이러한 저항은 항상 지배 권력의 무력에 좌절되었고 수많은 사람이 피를 흘렸다. 선운사의 복분자 붉은 술처럼, 동백의 붉은 꽃처럼 붉은 피를 흘렸던 우리 선조의 그 저항의 역사를 돌아볼 기회가 되었으면 좋겠다.

선운사 창건설화

백제 위덕왕 24년(577년)에 고승 검단선사가 창건할 때의 설화가 전해온다.

본래 선운사 자리는 용이 살던 큰 못이었다. 검단스님이 용을 몰아내고 돌을 던져 연못을 메우던 무렵 마을에 눈병이 심하게 돌았다. 그런데 이 못에 숯 한 가마를 갖다 부으면 씻은 듯 눈병이 낫곤 하여 너도나도 숯과 돌을 가져와 못에 부으니 큰 못이 금방 메워졌다. 이렇게 못을 메운 자리에 절을 세우니 바로 선운사다.

백제지역에서는 국가적인 대찰을 지을 때 못을 메워 짓는 것이 좋다고 생각했는지 그런 설화가 많이 전하는데, 미륵사가 대표적이다. 그러나 정작 못을 메운 땅은 건물을 짓고 살기에 썩 좋은 곳은 아니다. 습기가 계속 올라오기 때문에 지금 보면 권유할 일이 못 되지만 넓은 터를 구하기 힘든 당시 사정으로 보면 쉽게 터를 만드는 방법이기는 했을 것이다.

검단스님은 "오묘한 구름에 머무르면서 갈고 닦아 선정의 경지를 얻는다" 하여 절 이름을 선운이라 지었다고 한다.

대웅보전

선운사의 주 신앙공간은 대웅전이다. 여느 대웅전과 달리 본전에는 중앙에 석가모니불이 아닌 비로자나불을 모셨으며 아미타불과 약사불을 모셨다. 본존불의 성격에 맞춘다면 명칭을 대적광전이라고 해야 할 것 같다. 대웅전 주불은 화엄사상의 전래를 짐작케 하는데, 화엄

선운사 대웅보전

대웅전 내 주불 비로자나불

사상의 고승 설파 상언스님(1707~1791)이 이를 증명한다. 상언스님은 조선시대 화엄학 연구에 큰 업적을 남긴 고승이다. 중국의 『대방광불화엄경수소연의초』 90권이 우리나라 화엄학 연구의 지침서가 되었는데, 스님은 여기에 일일이 주석을 달고 알기 쉽게 분류한 『청량초적결은과』를 펴냄으로써 후학의 길잡이가 되었다.

선종의 고승 백파 긍선스님(1767~1852)은 조선시대 선종의 중흥주로 추앙받는 고승이다. 법호는 백파, 법명은 긍선이다. 율과 화엄과 선의 정수를 모두 갖춘 거장으로서, 평소에 교류가 깊었던 김정희는 초상화를 그린 뒤 스님을 '해동의 달마' 라고 격찬하였다. 저서로 『정혜결사문』, 『선문수경』, 『백파집』 등이 전한다.

조선시대 화엄학과 선의 대가였던 두 고승을 통해 사찰 전체에 흐르는 불교사상이 화엄사상과 선종임을 짐작할 수 있고, 이러한 사상을 배경으로 대웅전 본존불이 석가모니불이 아닌 비로자나불로 봉안된 이유를 설명할 수 있을 것 같다. 선운사 대웅전은 선운사가 창건 당시 검단선사를 통해 선종사찰로 터를 잡고 이어오다가 화엄사상과 선종이 어우러져 꽃을 피웠음을 말해준다.

관음전

대웅전 왼쪽 관음전은 맞배지붕 건물이다. 반대편의 영산전, 지장전과 더불어 대웅전을 완성하는 신앙공간이 되는데 영산전에 비해 규모가 작다. 이는 영산전 주불이 석가모니불이기 때문이다. 후불탱화는 천수천안관세음보살탱화를 봉안하였다. 예전에는 지장보살상을 모셨으나 성보박물관으로 옮기면서 최근(2010년 11월) 새로이 본존불을 천수천안관음보살상으로 맞추어 조성하였다.

선운사의 관음신앙은 관음전과 더불어 대웅전 비로자나불 뒤쪽 벽에 거대하게 그린 관음벽화에서 그 진수를 찾을 수 있다.

주불 뒤 관음벽화

거대하게 그린 관음탱화는 좌정한 모습이다. 오른쪽에 정병과 관음조를 그려 해수관음과 달리 강진 무위사에서 보여주는 것과 같은 백제 관음신앙을 표현하였다.

도솔암 내원궁 지장보살

도솔암 내원궁은 선운사에서 2km 정도 떨어진 도솔암 마애미륵불 위쪽에 있다. 차가 들어가기도 하지만 20분만 걸으면 도착하는 산책길이다.

본래 미륵보살이 거주하는 곳이 도솔천이다. 내원궁은 도솔천 중에서도 미륵보살이 상주하는 곳이다. 그러므로 내원궁에는 미륵보살이 있어야 한다. 하지만 그 미륵불이 현세 중생을 위해 아래쪽 마애불로 하생하였다. 내원궁에서는 현세 중생의 염원에 의해 지장보살이 강림하여 특별히 미륵성전에서 중생을 교화하고 있는 셈이다. 바위 정상

도솔암 내원궁

도솔암 내원궁 지장보살

에 안락하고 장엄한 공간을 만들어 도솔내원궁이라 적어놓았다. 법륜을 들고 오른손은 설법인을 취한 금동지장보살좌상은 높이가 96.9㎝로 고려 후기에 만들었다고 한다. 완성도가 높아 한국 지장보살상의 백미로 꼽히며 선운산을 지장의 성지로 만드는 주불이기도 하다.

지장보살은 스님 머리 모양을 하는 점이 특징이다. 부처상과 보살상은 보통 머리 모양으로 구별하는데 부처상은 주로 머리가 꼬불꼬불 말려 있다. 반면 보살상은 머리에 화려한 관을 쓴다. 특히 관세음보살상은 보관 한가운데 아미타불상을 새기고, 지혜를 상징하는 대세지보살상은 보관에 감로수 병을 새겨놓아서 쉽게 구별된다. 그런데 지장보살은 특이하게도 보살상이 지닌 보관이 없다.

원래 지장은 여자의 몸이었다. 어머니의 천도를 위해 부처님께 공양하러 가다가 길에서 굶주리고 헐벗은 사람들을 보고서는 "이런 사람들에게 공양하는 것이 부처님께 올리는 참다운 공양"이라 생각하여 공양물을 모두 나누어준다. 입던 옷까지 벗어주고는 부끄러워 땅속에 몸을 숨긴다. 이에 부처님께서 장하다고 격려하시면서 지장이라는 명호를 주고는 대보살이 될 것이라고 말씀하신다. 지장이 부처님께 어머니의 천도를 간청하자 "이미 그 공덕으로 지옥에서 벗어났다"고 일러주었다. 그럼에도 불구하고 지장은 혹시라도 어머니가 아직도 지옥에 있을까 봐 직접 지옥을 돌아보는데, 어머니는 확실히 천도되었음을 확인했으나 너무나 많은 사람들이 지옥에서 고통받는 것을 보고 충격을 받아 지옥의 모든 중생이 구제될 때까지 성불을 미루겠다는 서원을 세운다. 이를 일러 후세 사람들이 대원력보살 지장이라고 부르게 되었다. 이처럼 성불을 미루었기 때문에 보살의 보관을 취하지 않은 특징이 있다. 지옥은 어두운 곳이라서 지장보살은 보통 여의주를 드는데, 도솔암 지장보살은 법의 수레를 굴리는 바퀴의 형상을 들었다.

선운사 동백꽃

선운사는 정작 절보다 동백꽃으로 더 유명하다. 소문만큼 대단한 동백림 군락이 절 전체를 감싸고 있다. 천연기념물 제184호인 이 동백나무숲은 백제 위덕왕 24년(577년)에 선운사를 세운 후 만들었다. 평균 나무 높이는 약 6m이고 둘레는 30㎝이며, 숲은 절 뒤쪽 비스듬한 산 아래 30m 넓이로 가느다란 띠 모양을 이룬다. 동백나무는 차나무과에 속하는데, 우리나라에서는 남쪽 해안이나 섬에서 잘 자란다.

선운사 대웅전과 뒤편 동백림

절에서 동백을 많이 심는 이유는 화재를 방비하기 위해서이다. 산불이 나면 건축물뿐만 아니라 사찰에 거주하는 사람의 생명까지 위험하다. 예부터 산불예방을 위해 갖가지 방법을 강구하였는데, 바로 동백나무의 방화림 역할을 알았던 선조들은 남도에서 대대적으로 동백나무숲을 조성하여 산불에 대비하였다.

선운사 동백림은 대웅전 뒤보다 사찰 뒤쪽 산길이 오히려 더 좋다. 꽃을 보려면 4월 초에 맞춰야 하는데, 이때는 동백꽃뿐만 아니라 하얀 벚꽃도 핀다. 9월에는 동백만큼 붉은 상사화가 피어나고 11월에는 단풍이 물드니 선운사의 아름다움은 그 계절을 가리지 않는다.

상사화

이곳 선운사에는 동백꽃 못지않게 아름다운 꽃이 하나 더 있는데, 바로 상사화이다. 이 상사화에는 애절한 사연이 담겨 있다.

옛날 한 여인이 선운사에 며칠 불공을 드리러 왔다가 스님 한 분에게 연모의 정을 느껴 그만 상사병에 걸리고 말았다. 시름시름 앓던 여인은 결국 죽고 말았고, 상사화로 다시 피어났다는 이야기이다.

상사화는 잎과 꽃이 한평생 만나지 못하는 데서 그 이름이 유래한 듯하다. 잎이 말라 죽은 다음에야 꽃대가 올라와 꽃을 피우는데 꽃이 피어도 열매를 맺지 못하는 묘한 꽃이다. 그 꽃의 일생이 이렇듯 가련하여 이루지 못할 연인에 비유되기도 한다. 언제나 그리워하면서

상사화

도 홀로 지낸다 하여 이별초라고도 한다. 사찰 주변에 많아, 홀로 사는 스님 신세라 하여 중무릇, 중꽃이라고도 하며 개난초라고도 한다.

상사화는 수선화과이고, 뿌리로 번식한다. 난초처럼 군락을 이루어 바닥에 붉게 불이 붙는 것 같다. 8~9월이면 선운사 일대와 마애불 도솔암까지 골짜기마다 군데군데 불이 붙는다. 이른 봄 가장 일찍 언 땅을 녹이며 꽃대가 올랐다가 꽃이 피면 갑자기 시드는데 시들어 죽은 자리에서 뿌리로부터 올라온다.

이 꽃을 절 주변에 많이 심는 이유는 실은 뿌리에서 전분을 뽑기 위해서이다. 뿌리를 갈아 전분을 만들고 이것으로 풀을 쑤어 종이류를 표구하는 데 썼다고 전한다. 각종 탱화나 불경, 불화를 상사화 풀로 표구하면 좀이 슬지 않는다고 한다.

선운사 복분자와 법성포 토주

다른 산딸기는 줄기가 붉은 갈색이고 잎이 보통 셋으로 갈라져 한 잎자루에 잎 한 개가 달리며 익으면 빨갛게 되는 반면, 복분자는 줄기가 마치 밀가루를 발라놓은 것처럼 하얀 덩굴이며 잎은 한 잎자루에 3~5개가 달린다. 열매가 익으면 까매지므로 엄밀한 의미에서는 산딸기와 구별된다.

먹고 나서 소변을 보면 요강이 뒤집어진다고 하여 이름 붙은 복분자술을 동의보감에서는 "남성의 경우 유난히 낭습이 많고 정력이 감퇴하는 음위증에 좋고, 신경안정 내지 보강의 약효가 있어 조루에 효과가 있다. 여성의 경우 정신쇠약으로 인한 불임증에 크게 활용되고 피부를 윤택하게 한다. 또한 속을 덥게 하여 간을 보호하고 소변을 줄이며 양기를 강하게 한다."고 소개한다. 바로 자연산 비아그라이다.

이러한 복분자 가운데 비옥한 토질의 선운산 일대에서 재배되는 복분자는 서해안 해풍을 쐬면서 적당한 염기를 흡수하기 때문에 열매의 질이 다른 지역보다 뛰어나다. 이 복분자로 담근 술이 영광 법성포 토주이다. 법성포 소주는 증류주에 멥쌀, 황곡(효모) 고두밥과 효모를 버무려 실내온도 섭씨 20~25℃ 상태에서 4일간 1차 발효를 시킨 후 다시 고두밥을 넣고 물을 부어 7~8일간 2차 발효를 시킨다. 술을 안치고 사나흘이 되면 맑은 술이 고이기 시작한다. 술이 다 익었다 싶으면 중탕기에 담고 불을 때서 토종주를 얻는다. 맑은 소주이지만 곡주 특유의 향기와 함께 톡 쏘는 듯하면서도 쌉쌀한 맛이 나는데 알코올 도수가 40도나 된다. 이처럼 독한 술에 달고 향긋한 복분자를 넣으면 달콤한 주스를 먹는 기분이다. 이 맛에 끌려 한 잔씩 하다 보면 어느새 정신을 잃을 정도로 술기운이 몸을 점령한다. 최근 시중에 나오는 복분자는 원액 함량이 그리 많지 않고 법성포 소주를 사용하지 않아서 그런지 예전 맛을 찾아보기가 어렵다.

아직도 못 이룬 꿈을 기다리는 미륵천불천탑,
화순 운주사

운주사의 특징과 의미

운주사는 정형적 사찰구성과 배치의 얽매임을 벗어난 파격의 야외 석불도량이다. 조성 불상은 대부분 백제계 미륵하생국토완성 신앙을 표현하는 입석상이다. 위엄과 정형성을 파괴하여 민초의 구원불로 이루어진 운주사는 한국 민중 미륵신앙의 성지가 되고 있다. 특히 미완성 와불에 이르러서는 미륵국토완성의 염원이 절정을 이룬다. 고려 창건의 사상적 지주이며 한국 풍수학의 대가인 도선국사 창건설을 도입하여 신성함을 구가하였으며 당시 지배자의 수탈과 핍박에 지친 민중의 갈망과 유토피아를 형식과 율법에 구애받지 않고 자유롭게 표현하였다. 이런 불교조형물 조성기법이 고려시대를 넘어 조선시대에 이르기까지 민중의 양식으로 전해오고 있으니 이곳 운주사는 한국 민중불교양식의 출발지라 하겠다.

운주사의 창건

구름이 머문다는 이름을 가졌다고 해서 운주사가 그 정도로 높은 지형에 있는 것은 아니다. 누가 왜 만들었는지에 대해서는 정확한 사료가 없지만 불탑과 불상만큼이나 다양한 추측과 상상이 발현되는 곳이 바로 운주사이다. 소설 『장길산』과 함께 미륵와불로 더 유명해진 운주사는 소설보다 더 신비로운 곳이다.

호리형으로 생긴 운주사 전경

전하는 창건설화가 몇 있기는 하지만 운주사를 설명하기에 가장 많이 회자되는 것은 바로 도선국사 창건설이다. 우리 국토의 지형을 배로 파악한 도선국사는 백두대간이 위치한 동쪽이 무거워 배가 기울어지는 것을 막기 위해 배꼽 부분에 해당하는 이곳에 천불천탑을 세워 균형을 맞추었다고 한다. 일설에는 운주사가 위치한 이곳이 여자의 자궁 형국인지라 장차 임금이 나올 군왕지로 보고 새로운 세상을 열기 위해 세웠다고도 한다. 천불천탑도 도선국사가 도술을 부려 근처 30리 안팎의 돌을 불러 모아 하룻밤 사이에 세웠다고 전한다.

어쨌든 천불천탑의 창건주로 대부분 도선국사가 등장하는데, 이는 운주사를 조성하기 시작한 때가 후삼국시대이기 때문이다. 도선국사는 당시 새로 개국한 고려왕조에서도 극진히 존경했던 나라의 스승이었다. 우리나라 풍수학을 집대성하여 완성한 최초의 인물로 잘 알려져 도선국사 하면 풍수라는 단어가 연상된다.

그런데 이곳에 터를 잡고 절을 창건한 사람이 도선국사라 하더라도 왜 주로 미륵불상을 조성했는지에 대해서는 딱히 설명이 없다. 필자는 이곳이 통일신라기 경주 남산문화와 비교되는 백제의 불교신앙지였다는 점에 주목하고자 한다. 경주 남산은 다양한 불상과 불탑으로

산 전체가 불국정토가 되었다. 백제 멸망 후 옛 백제를 회복하고 싶었던 백제 유민들이 남산에 비견할 불국성지 조성을 통해 신라의 불력에 대항하려고 했던 것은 아닐까.

경주 남산이 화려하고 고급스럽게 조성된 불국토임에 반해 여기 운주사는 당시 백제지역에 많이 퍼진 미륵신앙을 근간으로 불상과 불탑을 만들었다. 이름난 신라의 불상과 불탑을 모방하면서도 민초의 염원에 따라 소박한 미륵불과 함께 각종 창의적인 불탑을 만들어 주술적인 내용까지 첨가하였다.

운주사 불상

많은 사람들이 이곳 운주사를 보고 민간예술의 극치라며 찬탄을 아끼지 않는다. 사람들은 다양한 형태의 불상과 불탑에 놀라고 그 조성기법이 순수한 민초의 산물임에 또 놀란다. 부처인지, 중생인지, 그도 저도 아닌 돌장승인지, 비바람을 맞으며 모양도 크기도 제각각으로 벼랑에 비스듬히 기대어 앉거나 서 있는 돌부처들이다. 코는 닳아 없어지고, 눈매도 희미하다. 하나같이 못생겼는데 그래도 정겹게만 느껴지는 것은 세풍에 삭아버린 우리의 모습과 같기 때문이리라.

근엄한 불상을 두고 머슴부처, 부부부처, 아들부처라 하더니 부처의 성물을 담은 탑을 호떡탑, 항아리탑, 걸레탑, 명당탑, 실패탑이라고까지 표현한다. 그야말로 근엄해야 할 부처가 겉치레를 버리고 직접 인간 세상에 내려와 민중과 함께 힘겨운 삶을 영위하는 모습이다. 바로 이 점이 운주사를 민중의 위안처이자 신앙지로 만들고 있다.

운주사 유적

1481년에 편찬된 『동국여지승람』의 기록과 인조 10년(1632년)에 발간된 『능주읍지』에 "운주사는 현의 남쪽 이십오 리에 있으며 천불산 좌우 협곡에 석불석탑이 일천씩 있고 석실에 두 석불이 서로 등을 맞대고 앉아 있다"는 기록이 있는 걸로 봐서 일천씩의 석불석탑이 있었고, 정유재란으로 인해 소실된 것으로 짐작한다. 지금은 석탑 17기, 석불 80여 기만 남았다.

입구의 미륵 불상

운주사는 보통 사찰처럼 일주문과 사천왕문을 구성하지 않았다. 일반 사찰에서는 부처님을 보려면 여러 관문을 통과해야 하는

운주사 입구

데 여기 운주사에서는 오히려 부처님이 길가에 마중을 나와 들어오는 사람을 반겨준다. 암벽에 기댄 여러 불상은 아미타불이나 석가모니불, 미륵불의 수인을 취하였으나, 입석이므로 총괄하여 미륵불로 이해할 수 있다. 이러한 미륵 부처님들이 연꽃 좌대도 갖추지 않은 채 방긋방긋 웃으며 어서 오라고 맞아주니 이는 운주사에서만 느끼는 전경이다.

칠성석

운주사 입구에서 보면 좌측 산등성이에 칠성석을 조성하였는데, 산 중턱이라 아래에서는 놓치기 쉬우니 와불을 보고 나오는 길에 살펴보는 것이 좋다.

일반 사찰에서는 산신과 함께 사찰 외곽에 두는 칠성을 사찰 입구에 배치한 것 또한 운주사의 파격이다. 7개 돌이 놓인 위치와 크기가 칠성의 방향과 별의 밝기를 의미한다고 하니 다른 곳에 가져가려고 깎아놓은 것이 아니라 처음부터 이렇게 배치한 것이다. 운주사가 영구히 흥하기를 기원하는 의미에서 수명을 주재하는 칠성을 사찰 초입에 조성하였을 것이다.

더욱 놀라운 것은 이 칠성석이 오늘날 같은 과학기구가 없이도 별의 위치나 방위를 정확하게 표현하였다는 점이다. 당시 천문학의 수준을 가름해보게 하는 사료이다.

감실부처

팔작지붕 형태의 돌집으로 그 안에 석불 두 분이 등을 맞대고 앉았는데, 각 석불이 정확히 남과 북을 바라본다. 감실불상은 보통 휴대하기 좋게 목각으로 만들고 이처럼 석재는 흔치 않다.

감실부처와 원반형 탑

운주사 감실은 목조 건축물을 모방하였는데 특히 상단 지붕이 목조 건축물과 흡사하다. 출입구에 해당하는 곳에는 남북 문설주 위아래에 구멍을 뚫었다. 닳은 흔적으로 보아 돌문을 달았을 것이다. 전설에 의하면 이 돌문을 여닫을 때마다 조정 인재가 하나씩 죽어나가는지라 도선국사의 아내가 돌문을 떼어 영광 칠산 앞바다에 내다 버렸다고 한다. 도선국사는 15세에 출가하여 평생 결혼하지 않은 승려였는데 아내가 있다는 말은 신빙성이 없지만 돌문의 여닫음이 나라에 영향을 미칠 정도로 영험 있는 감실이라는 의미이다.

남쪽 부처님은 석가모니불 수인을 취했고 북쪽 부처님은 지권인을 갖춘 비로자나불이다. 석가모니불과 그 본질 면목인 법신불을 모셨으니 두 분인 양 보여도 한 분을 의미하는 감실이다.

그런데 운주사 전체를 아무리 살펴봐도 이처럼 비바람을 막을 수 있도록 석조 감실에 모셔놓고 크게 조성한 곳이 없다. 따라서 이곳을 운주사의 중심 신앙지로 볼 수 있겠다.

운주사 원반형의 석탑

원래 석탑은 부처님의 진신사리를 봉안한 곳으로 부처님이 계신 신성한 곳을 상징한다. 이러한 종교적 신성함으로 인해 석탑 조성에는 일정한 법도를 도모하여 아무렇게나 만들지 않는다. 우리나라 석탑은 중국 누각형 탑을 정형으로 많이 조성하였는데 층수를 구별하기 위해 지붕에 해당하는 부분은 특별히 목재 건축물 형태를 본떴다. 그런데 운주사의 이 석탑은 지붕 부분을 무시하고 접시와 흡사한 모양의 원반형 탑을 만들어놓았다. 정형적인 석탑에 익숙한 사람에게는 좀 낯설게 느껴지기도 한다.

항아리 탑

공사바위 쪽 항아리 모양의 탑도 낯설게 느껴지기는 매한가지이다. 항아리를 여러 개 쌓아올린 모양도 있고 최상단에는 아예 항아리까지 올려놓았다. 하긴, 탑이라는 것이 반드시 정형성을 취해야 하는 이유가 없을지도 모른다. 운주사에는 이처럼 기존 양식의 탑도 있고 새로운 모양도 많다.

공사바위

가장 뒤편에 있으며 운주사 전체를 굽어볼 수 있는 바위이다. 바위에는 꼭 한사람이 앉을 수 있도록 의자처럼 약간 다듬어놓은 부분이 있다. 누군가 이곳에 편안하게 앉아서 전체 공사 진행과정을 살펴보았을까? 여기서 살펴보니 절터가 흡사 호리병 같다. 좌측과 우측 산등성이에 각종 불상과 탑도 잘 보인다. 꼭 한번 올라가보기를 권한다.

특히 공사바위 주위에는 당시 돌을 뜯어낸 흔적이 남아 있다. 돌에 흠을 내고 그 틈새에 나무쐐기를 박아 물을 부으면 나무가 부풀면서 돌이 갈라지는 공법이다. 공사바위 아래에는 선정에 든 불상도 보인

공사바위 아래 부부미륵

다. 그 옆에는 부부미륵이다. 크기가 다른데도 다정하게 기대고 있다. 원래 미륵에는 성별이 없어 부부라는 개념도 없는데 민간신앙으로 깊이 수용되면서 인간과 같은 희로애락의 존재로 이해하고 할머니 미륵, 할아버지 미륵, 남편 미륵, 아내 미륵, 자식 미륵 등이라 한다. 이는 미륵신앙만의 독특한 특징이다.

와불

원래 와불은 우리나라에서는 찾아볼 수 없는 양식이다. 다른 나라에서 보이는 와불은 옆으로 누워 한 손은 머리를 받치고 발은 포갠 형태이다. 석가모니불의 열반상이라고 한다. 운주사 와불은 이와 달리 다른 데 세우려고 바닥에 조성한 후 미처 뜯어내지 못한 채 그대로 남아 전해오는 불상이다.

수인으로 보자면 비로자나불과 석가모니불로 추정된다. 비스듬한 바위에 거꾸로 누운 모습이 힘들어 보여 누구라도 힘을 모아 바로 세우고 싶어진다. 소설 『장길산』에는 와불이 바로 서는 날 천지가 개벽하고 세상이 뒤바뀐다는 대목이 있는데 바로 이 와불을 소재로 한 것이다.

운주사 와불과 관련해서 도선국사와 얽힌 설화가 전해온다.

"도선국사는 천불천탑을 하루 만에 완성하기 위해 도력으로 천인을 불러 공사를 하였다. 이제 마지막으로 와불만 세우면 공사는 끝이었다. 그런데 도선국사의 시종이 밤새 잠을 못 자고 일을 하는 게 너무 힘들어 마지막 순간 꾀를 냈다. 거짓으로 날이 밝았다고 하면 더 이상 일을 하지 않아도 될 거라 생각하고 몰래 닭울음소리를 냈다. 날이 새기 전 공사를 마무리하려고 집중하던 도선국사는 어디선가 닭울음소리가 들려오자 이제 와불만 세우면 새 시대를 열 수 있는데 날이 새버렸으니 인력으로는 어찌할 수 없나 보다 생각하고 공사를 중단했다."

누운 미륵을 세우듯 거꾸로 누운 세상을 바르게 세워 새 세상을 열려고 했던 수많은 노력은 후삼국시대를 지나 고려시대, 조선시대에도 계속되었다. 미륵과 관련한 수많은 반란사건은 모두 미완성으로 끝났고, 새 세상을 여는 일은 현대를 살아가는 우리의 몫이 되었다.

운주사 와불

불교에서는 중생이 뒤바뀐 가치관으로 세상을 살고 있다고 말한다. 이 와불상은 뒤바뀐 가치관으로 살아가는 우리에게 가르침을 주려고 이렇게 거꾸로 누운 듯하다. 미륵이 다스리는 이상세계는 중생이 스스로의 노력으로 이 땅에서 전쟁과 환란을 몰아내야 도래한다고 했으니 미륵신앙은 노력을 요구하는 신앙이다.

습기가 많은 분지라서 그런지 안개가 자주 끼는 운주사에는 오늘도 운무와 더불어 미완성 신화를 간직한 수많은 미륵이 새 세상을 기다린다. 그러면서 우리에게는 반드시 도래할 새로운 세상을 위해 확신을 가지고 열심히 살아가라고 말해준다.

영원히 어머니의 은혜를 갚고자 하는 화엄고승, 구례 화엄사

화엄사상을 드러내는 화엄사의 특징

화엄사는 통일신라기 화엄사상을 펼친 화엄10찰 가운데 하나로서 화엄경 사경을 주도했는데, 이는 화엄사상을 담은 경전을 문서화하여 널리 보급하는 역할을 맡았다는 의미이다. 각황전에 있었던 화엄석경은 돌에 새긴 화엄경을 말하는데, 돌에 새기면 종이에 쓰거나 나무에 새기는 것보다 당연히 보존기간이 길다.

화엄사 경내 전경

화엄사는 이름 그대로 화엄사상을 펼쳐내는 사찰인데, 각황전 석경과 더불어 화엄사상을 드러내는 곳이 바로 대웅전이다.

대웅전은 석가모니불, 비로자나불, 노사나불을 모셔 법신, 보신, 화신이라는 3신불 신앙을 드러낸다. 3신불 신앙은 화엄사상 사찰에서만 볼 수 있는 독특한 주불 조성양식이다.

3존불이 국토를 중심으로 하는 주불신앙이고 3세불이 과거, 현재, 미래로 상징되는 시간적 본존불 신앙이라면, 3신불은 법신, 보신, 화신이라는 화엄경 사상에서 유래한다.

화엄사상의 격을 더 높이기 위해 마련한 탑과 석등 등은 화엄사의 사격을 한층 더 장엄하게 만든다. 부석사가 화엄종찰로 아미타불을 모시고 탑을 봉안하지 않는 것이 특징이라면 화엄사는 장육상을 비롯하여 석가모니불을 주불로 하고 석가모니진신을 모신 쌍탑을 봉안한 것이 독특하다.

지리산과 화엄사

일주문 앞 당간지주

지리산은 한반도 전체를 놓고 볼 때 백두산으로부터 내려온 지세가 태백산을 정점으로 국토의 허리 부분을 이루다가 남쪽으로 이어져 최남단에 기운이 응축된 산이다. 지리산으로 이어진 백두산 지세가 다시 용트림하여 위로 솟구치는데, 바로 계룡산이다. 백두산, 태백산, 지리산을 이어 계룡산으로 이어지는 지맥이 하나의 태극을 이루어 산 태극이라 하고, 산을 따라 흘러 내려가는 금강 줄기를 수 태극이라 한다.

화엄사는 지리산에서 가장 좋은 명당자리를 차지한 사찰이다. 그래서인지 도선국사가 터를 잡았다는 설도 있고 이곳 당간지주는 도선국사가 터를 잡으면서 돛을 달듯 세워놓았다고 전해지기도 한다.

화엄사 창건에 얽힌 이야기

화엄은 화려한 꽃들의 장엄을 말한다. 세상의 모든 인연물이 서로 얽혀 조화롭게 운영되는 것을 꽃이 서로 어우러진 것으로 은유하여 표현한 것이다.

화엄사는 신라 진흥왕 때 연기조사(연을 타고 왔다고 전한다. 연이란 물로도 다니고 뭍으로도 다니는 존재로 거북이와 비슷한 형태를 가진 상상의 동물이다.)가 창건하였는데 연기조사는 통일신라 화엄경 사경을 주도한 고승이다. 그러므로 대가람으로 창건되면서부터 화엄사상을 펼치는 절임을 표방하기 위해 화엄이라는 이름을 붙였을 것이다.

의상대사는 당나라에서 귀국한 후 전국에 화엄사상을 널리 알리면서 곳곳에 화엄도량을 창건하는데 이 과정에서 화엄사를 대대적으로 중창한다. 경덕왕 때 왕의 칙령으로 동서 오층석탑과 석등 등을 조성하다가 통일신라 말 다시 도선국사가 크게 중창한 것으로 추정한다. 고려시대에는 대각국사 의천스님이 사찰을 확대하는데 고려시대 중창 규모로는 최대라고 전한다. 조선시대에는 선종대본산으로 승격되고 화엄학을 꽃피우는 주요사찰로 왕실의 보호를 받지만 임진왜란을 겪으며 건물 5,000여 칸이 한순간에 불탄다. 그 후 각황전을 비롯한 주요 건물을 꾸준히 중건하고, 1970년대 도광스님이 대웅전을 비롯한 여러 요사채를 중수하여 오늘에 이른다.

각황전

의상대사가 창건한 건축물로서 원래는 장육전이라고 했다. 화엄경 석경이 벽에 장엄되어 있었으며 장륙삼존상을 모셨다고 한다. 장륙이라 함은 크기를 설명하는 용어로 6장 크기의 불상을 말한다. 1장(丈)이 약 3m이므로 약 18m가 되는 셈이다. 사료에서도 큰 불상을 만들 때는 장육상을 만들었다고 표현하는 경우가 많은데 정확히 18m라기보다는 거대한 불상이라고 보면 좋겠다.

불상을 만들면서 전각 벽에는 돌에 새긴 화엄경을 가득 쌓아 붙였다고 한다. 그 화엄석경이 지금은 14,000여 조각으로만 남아 있다. 각황전은 바로 그 화엄석경으로 인해 중요한 의미를 가진다. 화엄사가 화엄사상에 근거하여 창건되었고 화엄사상을 펼치는 도량임이 바로 이 각황전을 통해 표현되기 때문이다.

각황전이 임란으로 소실된 후 숙종 때 성능스님이 보시해줄 화주를 구하러 다니다가 거지 노파를 만난다. 노파는 시주할 게 없으니 다음

각황전과 석등

생에 왕궁에 태어나 큰 도움을 주겠노라 서원하여 숙종의 딸로 환생하였는데 이를 전해들은 숙종이 적극 지원하여 마침내 불사를 완성하였다고 한다.

왕을 깨닫게 한 보전이라는 의미로 각황전이라는 명칭이 붙었다는 말도 있지만 장육의 거대한 불상을 모셨다는 점과 깨달음의 왕인 부처님을 상징하는 의미의 각황으로 보는 게 맞을 것이다.

각황전 앞 석등

각황전 앞 석등은 거대하면서도 건축물과 잘 어울린다. 크고 예술성이 뛰어나 일부러 석등만 보려고 오는 사람도 있다. 보통 통일신라 석등은 부석사 무량수전 앞 석등처럼 팔각기둥인데 이 석등 기둥은 북 모양이다. 지리산 실상사 석등이 정확하게 북 모양인데, 그에 비해 이 석등은 북 모양을 취하면서도 원통에 가깝게 곡선으로 변화를 주었다. 북 모양 기둥은 함포고복(너무나 평화롭고 풍요로워 만백성이 포만감에 배를 두드리며 노래를 부른다) 고사에서 유래하였을 텐데, 이는 평화로움과 풍요를 상징한다. 이러한 기둥 위에 켜는 등은 부처님의 자비광명이 널리 퍼져나간다는 의미이다. 최근 모조 석등을 만들 때 이 각황전 석등을 본떠 만드는 경우가 많다. 여인의 부드러움과 매끄러운 곡선미를 가진 이 석등이 그만큼 예술적 가치가 높다는 방증이다.

각황전 앞 고복형 석등

연기조사와 관련된 회화적인 작품

각황전 뒤로 올라가면 특이한 석등과 석탑이 있다. 먼저 석탑이 눈에 들어온다. 아래쪽 기둥이 사자 네 마리이다. 사자는 지혜를 상징하므로 지혜의 기둥이 탑을 떠받치는 표현이다. 그런데 특이하게 사자 기둥 가운데 사람 형상이 보인다. 이는 바로 앞 석등 인물과 관련지어보면 이해가 간다.

석등 인물은 화엄사를 중건한 연기조사이며 연기조사는 탑을 받치는 어머니를 위해 등을 밝히는 기둥이 되어 차를 공양하는 모습이다. 돌아가신 어머니가 석가모니부처님의 사리탑을 받드는 공덕으로 극락왕생하기를 기원하고, 연기조사는 힘든 어머니를 위해 차를 공양함으로써 어머니의 은혜를 이렇게 영원토록 갚으려 한다는 것을 회화적으로 표현했다고 한다.

사자상 탑과 연기조사 석등

황금 거북 위에서 반야용선을 인도하는 관세음, 여수 향일암

향일암 관음성지의 특징과 의미

해를 향한 암자라는 뜻의 향일암은 거친 바다를 헤치며 나아가는 역동적인 느낌이다. 전남 여수 돌산도 금오산(金鰲山) 중턱에 자리한 향일암은 3대 관음사찰에 더해진 4대 관음사찰로 최근 유명해졌다. 돌산도는 현재 다리가 놓여 섬으로 보기 힘들지만 향일암은 홍국사와 더불어 남해 한려수도에 인접한 명찰로서, 특히 호남지역에서는 드물게 바다에서 돋는 해를 볼 수 있는 곳이다.

향일암 아래 임포항

대적광이라 불리는 법신불 비로자나불은 아주 밝고 적조한 광명을 뜻하지만, 동해의 해가 연상되기도 한다. 해를 중시하는 향일이라는 말에서 신앙적으로 비로자나불 국토를 구성한 것 같지만 향일암은 남해안에서 보타낙가산의 관세음 신앙구성과 어울리는 터를 갖춘 곳이다. 예부터 지금까지 향일암이 관음성지로 부각되는 것도 바로 이러한 터에 어울리는 신앙지이기 때문이다.

금오산과 향일암의 창건

금오는 금색을 띤 바다거북을 뜻한다. 원래 거북은 십장생의 하나로 수중중생이고, 수중중생의 완성체는 곧 용으로 귀결된다. 용은 아미타불의 보처보살인 관세음이 현세 중생을 극락으로 인도할 때 타고 가는 영물이다. 등이 넓고 편평하여 많은 대중을 태울 수 있는 황금색 큰 바다거북은 서방극락을 향해 바다로 떠나는 반야용선의 다른 이름이다. 그 거북 위에 관세음보살이 앉아 인도하는 모양새의 향일암은 남해바다에서 서방극락으로 떠나는 반야용선의 선착장인 셈이다. 이를 바로 옆 남해 보리암과 연결하면, 흡사 보리암에서 원통의 지혜를 완성한 수도자들이 극락으로 가기 위해 모여 드는 선착장인 듯하다.

바위의 거북무늬

향일암 건립에 관한 자료는 알려진 게 별로 없다. 다만 신라시대 원효대사와 의상대사, 고려시대 윤필거사 등이 이곳에서 수도했다는 전설로 그 단초를 추측해볼 따름이다.

1949년 발간된 『여수지』에는 다음과 같이 전한다. "책육암(策六庵)의 옛 이름은 금오암(金鰲庵)이니, 금오산의 동쪽 기슭에 있다. 옛 이름은 원통암(圓通庵)이라고 하여 금오산 남쪽에 그 터가 남아 있으나 창건 연대는 알기 어렵다. 신라시대의 원효대사와 의상대사가 수행처로 건립했다. 100년 전에 지금 이곳으로 옮겨 신축하고 기해년에 지금의 이름으로 바꾸었으니, 암자가 바위 끝에 붙어 있고 계단 앞은 벼랑이며 동쪽을 향하여 일출을 바라볼 수 있어 향일(向日)이라는 다른 이름도 생겨났다."

옛적에 원효대사가 명명한 원통암을 뒤에 윤필거사가 금오암으로 개칭하면서 관음의 지혜에서 금색 거북을 중시하는 명칭을 부여하였고 1849년쯤 현재 자리로 옮겨 책육암이라 할 때도 거북의 6가지 묘한 계책(거북이 위기를 만나면 머리, 다리, 꼬리를 몸통에 넣어 피한다.)을 강조하며 거북의 터임을 중시하였다. 근래 들어 경봉스님(鏡峰, 1892~1982)이 영구암(靈龜庵)으로 현판을 써줄 때까지 거북의 의미가 강조되었다. '향일' 은 1715년(숙종 41년) 인묵대사(仁默大使)가 건물이 동쪽 일출을 바라본다고 하여 지은 명칭으로 등장하여 현재의 사찰 이름이 되었다.

고승 원효가 원통의 지혜를 구하던 향일암은 아침에는 밝은 광명이, 저녁에는 적조한 달의 기운이 항상한 곳이라 남해 넓은 바다기운을 가슴에 가득 담고 평안하게 거북 등에 올라앉아 다생에 걸쳐 수행할 만한 곳으로, 관음의 가피를 받으며 많은 중생과 더불어 극락국토를 향해 가는 반야용선이다.

향일암 석문

향일암 석문

한 사람이 겨우 비집고 들어갈 만큼 좁은 바위 틈새를 지나야 비로소 향일암 경내에 이른다. 이러한 바위틈을 석문이라 하는데, 절에 들어서기 전 몸과 마음을 청정하게 하는 일종의 관문으로서 천왕문과 같다. 마당 바로 아래는 파도가 출렁이는 바다가 펼쳐지고 좌측 아래로 가면 용왕전이다. 우측은 불이문이고 또 다른 바위틈을 올라가면 넓은 바위에 관음전이 자리한다.

관음전

관음전 주불은 좌우에 해동용왕도 남순동자도 없는 1존불이다. 금색신을 갖추고 좌정하였으며 남해바다 중생을 향해 미소를 짓는다. 머리 보관을 화려하게 조성하였고 가운데 화불을 선명하게 새겨 한눈에 보기에도 관세음보살상이다. 후불탱화는 푸른 바탕에 금으

향일암 관음전 내

원효대사 좌선 바위

로 그린 관음탱화로 남순동자와 해동용왕이 협시한 모습이며 본존불과 잘 어울리는 색감으로 신비감을 더한다. 관음전 우측에는 입석 해수관음상을 조성하였는데, 전각에서 나와 남해바다를 직접 수호하는 모습이다.

관음전 뒤에 우뚝 솟은 큰 바위를 위시하여 좌정한 불상 모습의 거대 바위들이 관음전을 외호하는 이곳이야말로 가히 관음사찰의 명소이다. 이런 바위를 배경삼아 툭 트인 남해바다를 굽어보며 넓은 바위에서 좌선했을 원효대사의 모습을 상상해본다. 그렇지 않아도 높은 도력이 한층 더 높아졌을 것이다. 범부라도 신선처럼 느껴지니 실로 한국 4대관음성지이다.

솟은 바위로 둘러싸인 곳에 터를 잡아 조금은 작은 듯한 향일암이지만 모든 건물이 동향이라 어디에서건 일출을 볼 수 있다. 왼쪽에는 중생이 서원에 감응했다는 감응도, 앞바다에는 부처가 머물렀다는 세존도, 오른쪽에는 아미타불이 화현하였다는 미타도가 있다.

어울리는 신앙 구성

향일암의 주요 신앙 건축물은 대웅전과 관음전, 용왕전(관음전), 삼성각, 종각 등이다. 1986년에 모두 새로 지었는데, 2009년 12월 20일 화재로 대웅전과 종각이 불타버려 새로 조성하는 중이다. 혹 주불전을 새로 짓는다면 향일암의 신앙구성에 어울리게 지었으면 좋겠다. 석가모니불 주불의 대웅전보다는 서방극락 주재불 아미타불을 모셔 미타전으로 지으면 어떨까 한다.

우리 전통사찰은 한 사찰당 한 국토의 신앙세계를 구축함으로써 완성된 국토를 조성하고자 하였다. 같은 불교라 하더라도 국토에 따라 조금씩 수행법이 다르고 각 신앙구조는 나름대로 완결성을 가지는데 주불신앙이 혼재되면 사찰 조형물에 일관성이 없어 찾는 이의 집중과 몰입을 방해한다. 관음예참과 발원 및 관음기도를 통해 이루고자 하는 목표는 현세 성불과 아미타불 극락국토 왕생으로 귀결된다. 이를 목표로 기도수행과 더불어 관음의 위신력을 빌려 자비실천 등의 노력을 경주한다. 그 노력을 격려하고 치하하는 공간이 바로 관음신앙 집결지이다. 이러한 수행 실천이나 목표 없이 소원성취만 희구한다면 기도에 영험이 있느냐 없느냐만 따지고 우왕좌왕하게 된다. 명실상부한 관음성지가 되기 위해서는 좋은 터도 중요하지만 그 터에 맺힌 정신이 더 중요하다. 그 정신의 가치는 어떤 고승이 주석하였으며 무엇을 가르치고 무엇이 이어지느냐에 달려 있다.

향일암 관음전 앞

제5부

경상도의 명승고찰

한겨울에 오동나무 꽃이 피어오른 약사미륵성지,
대구 동화사

팔공산 동화사의 특징과 의미

경북 팔공산에 있는 동화사는 미륵성지로 창건하였으나 현재는 약사신앙 성지로 더 알려졌다. 이곳은 영남의 요충지로 후삼국시대에는 주요 격전지였으며 임란 때는 승병의 거점이었다. 대도시 대구 인근에 위치해 경북지역 불교신앙의 중심지이기도 하다. 동화사는 팔공산 정상의 갓바위 약사신앙과는 뗄 수 없는 관계이다. 근세 들어 통일약사대불을 조성하여 명실공히 약사신앙의 주요 도량으로 자리 잡았다. 한국 약사신앙 불상은 보통 좌정하여 손에 약함을 든다. 이곳 약사불상도 약함은 들었으되 머리에 갓을 쓰고 서 있다는 점에서 미륵불상 조성양식과 유사하다. 이는 이 지역에 전해오던 불교신앙이 백제계 미륵하생을 염원하는 민중적 미륵신앙이었기 때문이다. 따라서 이곳은 민중적 미륵신앙이 약사불로 혼재되어 화현된 모습을 볼 수 있는 곳이라 하겠다. 관조봉 갓바위 불상에 기도하면 한 가지 소원을 이룬다는 소문이 돌면서 소원성취를 염원하는 수많은 사람들로 연중 문전성지를 이루고, 특히 입시철에는 발 디딜 틈이 없을 정도이다.

팔공산

팔공산은 신라시대부터 오악(五岳) 가운데 하나인 부악(父岳)으로 추앙받던 민족의 영산(靈山)이다. 처음에는 공산이었는데 고려태조 왕건이 팔공산으로 바꾸었다. 왕건이 견훤과 패권을 다투던 중 충복 여덟 명을 잃은 뼈아픈 곳이라 하여 이를 기리기 위해 팔공산이라 불렀다 한다.

주봉 비로봉을 중심으로 산세가 병풍처럼 좌우로 뻗어 낙동강까지 이어지는데 그 중심 봉우리에 일명 갓바위라고 불리는 부처님이 위치한다. 원래 갓 쓴 불상은 미륵불로 보는데 이 부처님은 손에 약함을 들고 있어 미륵신앙과 약사신앙이 융합된 모습을 보인다. 최근 동화사는 약사여래불 도량을 표방하며 거대한 통일대불을 조성하였다. 원래 개산 초기에는 미륵사상을 펼치는 지역 미륵신앙의 중심지였는데 점차 약사여래의 성지로 바뀌었다.

동화사의 창건

동화사 사적비에 의하면 신라 소지왕(493년) 때 극달화상이 창건하여 유가사라 하다가 흥덕왕(832년) 때 심지대사가 중창할 때 오동나무가 겨울에 상서롭게 꽃을 피웠다 하여 동화사로 고쳤다고 한다.

당시 심지대사는 속리산에 진표율사의 법을 들으러 갔으나 날짜가 지나 참여하지 못하고 마당에서 7일기도를 하였다. 마침 큰 눈이 내리는데 스님 주위에는 내리지 않아 대중이 신기해하였다. 법회를 마치고 산으로 돌아가던 중 옷깃 사이에서 간자(사리) 두 개를 발견하고는 속리산 영심공에게 말하니 법주사 간자 두 개가 함에서 비는지라 다시 밀봉해두었는데 또다시 스님 옷에 붙는 것이었다. 그러자 "불연이 그대에게 있음이라 그대는 받들어 행하라" 하였다. 이에 간자를 모시고 와 절을 지을 땅을 찾았다. 중악에서 간자를 던져 떨어진 자리에 당을 짓고 모시게 되었는데 바로 그곳이 동화사라 전한다.

동화사의 신앙 변천

심지대사가 중창하였으니 법주사 미륵신앙이 이곳에서 꽃을 피웠음을 짐작할 수 있다. 중창할 때는 현재 금당선원 자리가 주 신앙 공간이었다. 현재 금당선원이 있는 금당암 주불전은 조선시대 광해군 때 조성된 극락전이며 아미타불을 주불로 모셨다. 금당 초기의 주불은 확인할 길이 없고 지금의 동화사 신앙체계와는 독립된 선원이다. 8~9세기에 조성한 것으로 보이는 갓바위로 미륵신앙의 흔적을 짐작할 뿐이다.

그 후 고려 명종 때 보조국사 지눌스님이 다시 금당을 중창하였다.

동화사 대웅전

임진왜란을 맞아 사명대사가 영남도총섭으로 승병을 지휘하던 곳이었으며 임란 후 선조 때 대웅전을 중심으로 한 사찰권역을 조성한 것으로 보인다. 현재까지 남아 있는 봉서루와 대웅전 일곽을 이루는 동화사의 신앙구조는 석가모니부처님을 주불로 하는 체계이다.

동화사 입구의 마애여래좌상은 통일신라 시기의 약사여래상이라고 추정한다. 팔공산 일대에는 동봉입석여래상, 삼성암지 마애여래상, 불굴사 석조여래상 등이 많은데, 이는 통일신라 시기부터 약사신앙이 전래되었음을 확인해준다. 불굴사처럼 약사불이 미륵불과 같은 입석 양식인 데서 약사신앙과 미륵신앙이 혼합되었음을 짐작할 수 있다. 현대에 들어 동화사는 거대한 통일약사대불을 조성하는 등 주 신앙영역이 약사여래불 신앙으로 변화하는 모습을 보인다. 이는 이 지역 일대에서 전통적으로 믿어온 약사불신앙을 적극 수용하여 동화사를 약사신앙의 메카로 부각시켰음을 의미한다.

백제 미륵신앙이 전래된 역사적 배경 속에 미륵신앙은 마을 속으로 내재화되고 통일신라기에 유행한 약사신앙으로 흡수되어 약사여래의 성지로 오늘에 이르고 있다. 고려시대 주 신앙불이 미륵불이니 이곳에도 미륵신앙의 흔적이 있을 거라고 생각하겠지만 동화사 근역에서는 그 흔적을 따로 찾을 수가 없다. 이는 미륵신앙이 미륵불의 모습으로만 나타나는 것이 아니라 약사여래가 미륵이요 미륵이 약사여래로 나타나기 때문이다.

일주문

동화사 동쪽 입구로 들어서면 눈앞에 '팔공산 동화사 봉황문' 이란 편액의 일주문이 나온다. 동화사로 들어가는 첫 관문이다. 동화사는 그 터가 봉황이 알을 품는 형국이라고 하는데 그래서 일주문

이름도 봉황문이다. 이 현판을 풀어보면 팔공산 산세 가운데 봉황이 알을 품은 이곳에 겨울에도 오동나무가 꽃을 피우는 상서로운 절로 들어가는 문이다. 안타깝게도 현재는 출입구가 바뀌면서 사람들의 왕래가 별로 없는 도로에 위치하게 되었다.

봉서루(鳳棲樓)와 대웅전

봉서루는 말 그대로 '봉황이 깃든 누각' 이란 뜻의 보제루이다. 동화사를 대표하는 누각으로 뒤편에는 대웅전을 향해 '영남치영아문' 이라는 현판이 걸려 있다. 임진왜란 때 사명대사가 영남도총섭으로 동화사에서 승병을 지휘했음을 알려주는 중요한 사료이다.

네모난 돌기둥을 세워 문을 달았는데 계단 중간의 널찍한 자연석은 바로 봉황 꼬리에 해당한다. 그 위에는 둥근 돌을 올려놓았는데, 봉황알을 상징한다.

봉서루와 바위 위 봉황알

누대 밑을 통과하면 보이는 건물이 대웅전으로 여러 차례 중창을 거듭하였는데 현재 건물은 영조 3년(1727년)에서 8년(1732년) 사이에 건립하였다고 추정한다. 대웅전 축대 아래 양쪽에는 괘불대 한 쌍과 노주가 있고, 법당으로 오르는 층계를 정면에 반원형으로 쌓아올린 것이 특이하다. 대웅전은 석가모니부처님을 주불로 하고 좌측에 아미타불, 우측에 약사여래불을 모셨다. 천장에는 용 셋과 봉황 여섯을 화려하게 조각하였다. 봉서루를 지난 뒤 만나는 대웅전과 마당이 잘 어울린다.

약사대불

동화사는 최근 들어 한국 최대 약사여래입상을 조성하고 명실상부한 약사신앙의 성지임을 표방한다. 물론 그 뒤에는 관조봉 약사여래불이 전국적으로 알려진 배경이 있지만 원래부터 동화사를 비롯한 팔공산 도처에는 수많은 약사여래상이 남아 있었다. 이는 삼국통일과 이민족 격퇴, 질병극복 등을 간절히 염원해왔던 곳임을 다시 확인해주는 것이다.

동화사 약사대불

약사여래불은 동방을 다스리는 교주로서 중생의 고통과 일체 병자가 없는 이상세계를 완성한 부처님인데, 약사여래불을 조성하며 동화사에서 발원하기를 인간의 육신이 약사유리광여래의 몸과 같이 투명하고 생멸이 없는 법신을 성취케 하며 모든 죄과와 악보에 얽매인 중생을 한 사람도 버리지 말고 해탈의 자유를 누리게 해달라고 하였다.

기존의 대웅전 영역과는 별도로 대웅전과 마주보는 넓은 터에 새로이 약사국토를 마련했다. 팔공산을 병풍 삼아 위용을 자랑하며 우뚝 선 입석대불은 보는 이로 하여금 저절로 고개 숙여 존경을 표하게 한다. 간혹 팔공산에서 내려오는 구름이나 안개가 어우러지면 그야말로 신비의 세계이다.

갓바위

관봉 정상의 갓바위는 전체 높이가 4m 정도의 통일신라시대 석불좌상이다. 머리에 갓 같은 판석을 올려놓아 갓바위부처라고 부른다. 오른손은 오른쪽 무릎 위에 올리고 손가락을 아래로 향해 항마촉지인과 비슷한 수인을 하였지만 왼손은 결가부좌한 왼쪽 발 부근에서 손바닥을 위로 향해 약합을 올려놓아 약사여래불이라고 짐작한다.

약사불은 동방의 유리광 세계에 머물며 중생의 질병고를 치료하는 부처이다. 약사불은 12가지 커다란 원을 세워 중생의 온갖 고통을 소멸시킬 것을 맹세하였는데, 특히 질병에 가장 큰 주안점을 두었다.

신라의 약사신앙은 선덕여왕 때 밀본이라는 스님이 「약사경」을 읽고 왕의 병을 고쳤다는 사료를 비롯하여, 통일신라 때 경주의 대표적인 사찰인 분황사에 거대한 크기의 약사여래입상을 모신 사적이 있다. 경주를 둘러싼 남산 곳곳에도 사방불과 약사여래입상 등 약사신앙과 관계된 유적이 보인다. 8세기 이후에 나타나는 약사불 유적을 통해 약사신앙이 당시 신라사회 민중의 보편적인 신앙형태일 뿐만 아니라 국가 왕실의 중요한 신앙형태였음을 알 수 있다.

이러한 약사여래불 신앙 전래를 배경으로 조성된 갓바위부처는 현재에 이르러 수많은 입시생에게 합격의 영광을 주는 부처님으로 더

소문이 났다. 어쨌든 이 갓바위부처님께 간절히 기원하면 소원을 성취한다고 하는데 그 때문인지는 몰라도 불상이 앉은 방향으로 동해에 이르기까지 그 시선에 걸쳐 있는 지역의 많은 사찰이 부처의 자비광명이 지나는 길에 있으므로 덩달아 영험이 있다고 알려지면서 영남권 불자를 대상으로 약사신앙을 부흥시키고 있는 것도 사실이다.

하늘의 고기가 바위샘에서 노는

부산 범어사

범어사의 특징과 의미

금정산 북문과 금정

산 정상 바위에 항상 물이 고여 하늘 고기가 논다는 범어사는 한반도 동남쪽 끝에 위치하고 있기 때문에 그 조성 배경에는 수많은 왜구 침탈을 방비하는 전략적 의미도 있다. 외적을 막을 방책으로 화엄법회를 열고 미륵불과 사천왕을 조성하였다는 것이다. 임란으로 소실된 후 중창한 범어사는 현재 주불전인 대웅전을 가운데 배치하고 좌우에 관음전, 지장전을 두었다. 대도시 부산에 자리하여 영남지역 불교의 주요 신앙성지가 되었으며, 화엄사상의 기반하에 선찰대본사로 그 위상을 정립하였다. 세계적 항구도시 부산을 방문하는 외국인들이 한국문화를 처음 경험하는 곳으로서 금정산과 범어사는 그 위상이 점점 더 중요해지고 있다.

창건에 얽힌 이야기

금정산 아래 터를 잡은 범어사에 대해서 동국여지승람은 다음과 같이 기록하였다.

> 금정산은 동래현 북쪽 20리에 있다. 금정산 산마루에 세 길 정도 높이의 돌이 있는데 그 위에 우물이 있다. 물이 항상 가득 차 있어서 가뭄에도 마르지 않고 그 빛은 황금색이다. 세상에 전하는 바에 의하면 한 마리 금빛물고기가 오색구름을 타고 하늘에서 내려와 그 속에서 놀았다고 하여 '금샘'이라는 산 이름과 '하늘나라의 고기'라고 하여 절 이름을 지었다.

이 기록처럼 범어사 뒷산에는 금샘이 있다. 바위 위 금빛 우물이라는 뜻인데 크기는 작지만 산 정상 바위에 금색 물이 고여 있는 신기한 곳이다. 풍수학자들은 이를 일러 백두산 천지의 기운이 여기까지 미친다고 한다. 이곳에 범어사를 창건한 데에는 다음과 같은 연유가 있다.

신라 홍덕왕(826~836) 때의 일이다. 왜인들이 10만 병선을 거느리고 동해로 쳐들어오자 왕의 꿈속에 신인이 나타나 "이 나라는 화엄신중과 천신이 지켜주고 있으며 동쪽에 금정산이 있어 바위에 우물이 금색이고 범천에서 온 금어가 헤엄치며 놀고 있으니 대왕께서는 금정암 아래에서 칠일밤낮으로 화엄신중을 독송하십시오. 그러면 미륵여래가 화현하고 사방의 천왕이 병기를 가지고 화현할 것이며 시방불보살이 호위하니 왜병이 물러갈 것입니다. 이후에도 금정암 아래에서 화엄정진을 계속하면 전쟁이 없을 것입니다."라고 말하고 사라졌다. 왕이 놀라 신하를 시켜 확인해보고 금정산 아래에서 7일간 기도를 하였는데 정말로 왜적이 물러났다.

창건 당시의 규모를 전하는 사적에 "금정산 아래에 이중전을 창건하였고 그곳에 미륵석상과 좌우보처, 사천왕이 각각 병기를 가지고 있는 모습을 조각해 모셨으니 그것이 미륵전이다. 또 미륵전 서쪽에 3칸의 비로전을 세우고 그곳에는 비로자나불과 문수보살, 보현보살 그리고 병기를 든 향화 동자상을 모셨다. 미륵전 동쪽에는 3칸의 대장전을 세우고 팔만대장경과 화엄경, 석가여래상을 모셨다."는 기록에서 미륵전이 본건물이고 국토수호를 위해 사천왕을 모셨음을 알 수 있다. 현재 본건물은 대웅전으로 바뀌었다. 위엄을 갖춘 사천왕상은 흔적을 찾기 힘들고 진흙을 구운 소조상으로 조성되었다가 2011년에 화재로 소실된 후 2012년 3월에 새롭게 복원하였다.

2011년 화재로 소실된 사천왕문

화엄10찰 범어사

범어사는 화엄10찰 중 하나이다. 화엄10찰은 화엄사상을 펼치기 위해 창건한 사찰 열 곳을 말하는데 의상스님의 제자 표훈스님이 범어사 창건 사적기에 등장하고, 북문 쪽 넓은 터에서는 원효대사가 화엄대법회를 열었다는 기록이 전한다. 원효스님은 의상대사와 동시대의 인물로 화엄학의 대가이다. 당대 화엄학 최고 고승이 이곳에서 화엄법회를 열었다는 것은 범어사가 창건 초기부터 화엄사상을 펼쳐내는 주요사찰이었음을 방증한다.

화엄사찰의 경우 대부분 주불을 아미타불로 모시는데 범어사는 미륵불로 모신 것으로 전해진다. 미륵전 서쪽에는 비로자나불을, 동쪽에는 화엄경과 석가여래상을 모셨다는 기록에서 왜구침탈을 방비하고자 하는 목적으로 미륵불을 주불로 하되 사상적으로는 화엄사상이 주였음을 알 수 있다.

화엄도량 범어사는 창건 후 고려시대와 조선 중기까지 그 면모를 유지하다가 임진왜란을 맞아 소실되기에 이른다. 10여 년 동안 폐허로 방치되다가 광해군(1613년) 때 현재의 대웅전과 관음전, 용화전, 나한전, 일주문 등이 중건되었으며 1700년대 천왕문과 팔상전, 불이문 등이 추가되었다.

주불전은 대웅전인데 석가모니불을 주불로 하는 법화사상을 배경으로 나한전, 관음전, 용화전에 이르기까지 신앙중심의 사찰로 구성하였다. 그 후 1900년대 경허스님이 선원을 개설하였다. 금어선원에서는 성월, 구산, 동산, 지유, 화엄스님에 이르기까지 수많은 고승을 배출하여 지금까지 선종사찰의 전통을 잇고 있다.

범어사 일주문

범어사 우측 계곡에서 내려오는 맑은 물을 가로질러 돌다리 어산교가 놓여 있다. 이전에는 일주문까지 울창한 소나무가 산사의 아름다운 풍치를 자아냈는데 옛사람들은 이를 '어산노송'이라 불렀다. 요즘에는 워낙 왕래하는 사람이 많아 옛 정취는 사라지고 이러한 감흥은 찾아보기가 어렵게 되었다.

조금 더 들어가면 삼문으로 된 일주문을 만난다. 이는 범어사에서만 볼 수 있는 귀한 문이다. 일주문은 기둥이 한 줄로 늘어섰다고 일주문인데, 통상 기둥 2개로 문 한 칸을 만든다. 반면 범어사 일주문은 기둥 4개가 한 줄로 늘어선 세 칸 구조이다.

이것은 세 가지가 하나로 귀결된다는 법화경의 회삼귀일 사상을 상징한다. 즉 성문, 연각, 보살로 나누어진 불교의 여러 교법은 그 각각이 절대적인 것이 아니라 성불을 하기 위한 방법에 불과하다. 각각의 방법은 궁극 목적인 성불로 귀결한다는 의미이다.

범어사 일주문

이러한 회삼귀일 사상은 불교 사상이 다양해지면서 각종 종파가 생겨나고 그러한 종파가 각자 입장만 강조하여 주도권 다툼을 하는 배경에서 연유한다. 여기서 말하는 각 종파란 부처님의 인연이 있어야 성불한다는 성문성불계열, 깨달음의 법칙인 연기법만 깨달으면 성불한다는 연각성불계열, 중생과 더불어 가야 불국토가 완성되어 성불할 수 있다는 대승보살성불계열을 의미하는데, 이러한 3세력이 치열한 정통성 주장을 하였다. 이때 부처님은 "모든 것은 결국 성불을 하자는 데 목적에 있으니 3계통이 모두 성불을 하기 위한 방법론이다."라고 설했다.

세 개 문은 그 종파가 어떠하든, 이 사찰을 찾는 이유가 어떠하든 간에 문을 통과하면 결국 성불이 목적이라는 의미를 내포하는 셈이다. 1문 일주문이 방문객에게 일념으로 마음가짐을 정돈할 것을 의도한다면, 범어사 3문은 사찰 방문이 성불을 위한 것임을 일러준다. 3문 일주문은 인근의 양산 통도사 외에는 좀체 찾아보기 어렵다.

문 위에는 각각 편액을 걸었는데 가운데 '조계문' 이라는 편액은 예부터 조계종지를 받든 사찰임을 나타내고, 오른쪽 '선찰대본산' 이라는 편액은 범어사가 선종의 으뜸 사찰임을 나타내며, 왼쪽 '금정산 범어사' 라는 편액은 금정산 정기를 받는 범어사라는 뜻이다.

석재 기둥 네 개가 배흘림을 응용하여 둥근 형태를 이루고 그 위에 다시 나무로 기둥을 세웠다. 일반적인 일주문은 목재로만 만드는데 범어사 일주문의 석재 기둥은 독특한 맛이 난다.

대웅전

범어사 대웅전은 범어사에서 가장 고색창연한 느낌을 주는 목조 건축물이다. 석가모니불을 모시는 신앙공간이고, 내부에는 3존 부처님이 계신다. 중앙은 석가모니부처님이고, 왼쪽은 미륵보살, 오른쪽은 제화갈라보살이다. 과거, 현재, 미래의 부처님을 조성한 삼세불 양식으로 법화사상의 본존불 표현 수법이다 .

범어사 대웅전

법당 내부는 불단이 상대적으로 너무 커 정작 마루는 많은 대중이 앉기에 좁아 보인다. 불단은 다른 말로 수미단이라고도 하는데 부처님이 앉아 있는 단상 전체를 의미한다. 범어사 수미단에는 여러 종류의 중생계를 조각하였다. 아래는 수중생물, 가운데는 식물과 동물중생, 위쪽에는 천상의 천인들을 세밀하게 조성하였다.

대웅전 입구 좌측의 금고는 법당 안에서 치도록 되어 있는데 벽면을 뚫고 배치한 것은 범어사만의 특징이다. 금고는 청동으로 만든 쇠북으로, 금구 또는 반자라고도 한다. 범종이 주로 아침저녁 예불이나 중요한 의식법회 때 사용하는 것과는 달리 금고는 시간을 알리거나 사람을 부르는 등 단순한 용도로 쓴다. 범어사 금고는 고려시대에 흔히 조성하던 양식이지만 규모 면에서 좀 크다. 조선 후기에 제작하였으며 조성연대, 명칭 및 당시의 금고 양식을 살펴볼 수 있는 귀한 자료이다.

관음전

관음전 내 관음보살

관음전은 자비의 화신 관세음보살을 모신 법당이다. 이렇게 관세음보살을 주존으로 봉안한 경우 원통전 또는 원통보전이라고 한다.

범어사 관음전은 원래 대웅전 바로 오른쪽에 있었으나 지금의 자리에 있던 옛 금어선원을 옮기고 대웅전 왼쪽에 자리하게 되었다. 본래 관세음보살은 자비의 상징이고 일체 중생을 사랑으로 감싸는 보살이므로 반대쪽 지장전과 함께 미타전을 협시하는 식으로 세워졌다. 현재 범어사의 주불전은 대웅전으로, 우측에는 지장전이 좌측에는 관음전이 조성되어 주불과 보처보살의 전각이 신앙구조상 서로 어울리지 않게 되어버렸다. 하지만 이는 현대를 살아가는 신도들이 염원하는 신앙에 대해 사찰이 적극 수용한 결과로 볼 수도 있겠다.

범어사 관음전은 사찰 가운데 유일하게 청기와지붕이고 단청은 화려하면서도 우아하다. 좌정한 1존불 관세음보살상은 화려한 보관을 썼고, 보관에는 화불인 아미타불을 새겼다. 관음전 지붕에는 새처럼 보이는 독특한 형상이 조성되어 있다. 일종의 치미처럼 보이는데 용꼬리 모양 같기도 하고 새머리 모양 같기도 하다. 특별한 사료가 없어 정확한 의미는 알 수 없지만 다른 건축물에서는 찾아보기 힘든 특징이라 주의 깊게 살펴보면 좋겠다.

서편 계곡의 천 마리 거북과 만 마리 자라

원래 금정산 아래 동래온천은 구야온천이라 했다. '구야'는 고어로 신을 뜻한다. 거북이의 신격화는 가야문화에서 많이 보이는데 김해 구지봉 창건신화에 그 예가 나온다. 구야온천의 근원은 금정이라고 전해지는데 이는 다시 말해 동래온천이 바로 금정에서 발원된다는 의미이다. 여타 온천과 달리 동래온천의 효과가 뛰어난 것도 바로 이러한 연유인 것 같아 새삼 놀랍다. 동래온천 온천수가 수질이 좋기로는 예부터 전국적으로 알려진 바다.

동래온천의 근원인 거북과 연계된 내용으로 범어사 서편 계곡에는 천구만별이라 불리는 바위들이 있다. 천 마리 거북과 만 마리 자라가 뒤덮었다는 뜻인데 금정산을 향해 올라가는 천 마리, 만 마리 거북과 자라처럼 바위계곡이 정상을 향해 계속 이어진다. 바위 밑으로는 맑은 물이 흐른다. 그 물소리가 평소에는 자연의 교향곡처럼 편안하지만 폭우가 몰아칠 때는 천둥소리처럼 세차 천 마리, 만 마리 거북이 일제히 함성을 지르는 것 같다고 한다. 그래서인지 혹자는 금정을 향해 올라가는 천 마리, 만 마리 거북과 자라가 살아 꿈틀거리는 곳이라고 말한다.

범어사 대웅전을 참배하고 서쪽으로 난 문을 나서면 바로 바위계곡이다. 하늘을 뒤덮은 소나무 그늘 아래 엄청난 거북이 떼가 울어주는 물소리와 자연의 바람소리, 새소리를 들으며 마음의 여유를 찾아보자.

계명암

범어사와 금정산 일대가 한눈에 보이는 곳으로 계명암을 추천한다. 범어사 동쪽으로 난 길을 따라 500미터 정도 오르면 암자에 이른다. 옛날 의상대사가 부근에서 절터를 구하는데 한밤중에 느닷없이 닭울음소리가 들려와 이곳에 암자를 세우고 계명암으로 명명했다 전한다. 이곳에서 수행하던 납자들이 새벽예불 때마다 하늘에서 울리는 닭울음소리를 듣고 시간을 가늠했다고 한다.

계명암에 오르면 저 멀리 고당봉과 금정이 보이고 원효봉, 의상봉, 금강암, 대성암 등과 더불어 범어사 터가 한눈에 들어온다. 동쪽으로 회동수원지와 조응하는 금정산 산세를 조망하면서 멀리 광안대교를 바라보면 수영천과 더불어 동래읍성과 금정산으로 이어지는 지리적 위치를 가늠할 수 있다.

선묘낭자의 사랑이 승화된 한국 화엄사상의 본찰, 영주 부석사

부석사의 특징과 의미

부석사는 의상대사가 화엄사상을 펼칠 수 있도록 신라왕실이 의욕적으로 조성한 최초의 화엄대가람이다. 화엄도량임에도 불구하고 사찰 구성은 9품 극락세계를 형상화하였으며, 비로자나불 대신 아미타불을 주불로 조성하여 화엄사상을 표현하는 전례를 만들었다.

전체 배치는 크게 3단계로 나눈다. 단계마다 다시 3단 석축을 나누었으니 모두 9단계로 구성한 셈이다. 천왕문부터 종무소까지가 하단이고 종무소에서 종루까지가 중단이며 종루부터 안양루까지가 상단이다.

아미타불의 극락세계는 모두 9품(九品)으로 나뉜다. 이를 아미타여래 9품이라고 하는데, 서방 극락정토에 태어나고자 하는 중생을 행업의 정도에 따라 상품(上品), 중품(中品), 하품(下品)으로 나누고, 이를 다시 상생(上生), 중생(中生), 하생(下生) 3생으로 세분하여 ①상품상생 ②상품중생 ③상품하생 ④중품상생 ⑤중품중생 ⑥중품하생 ⑦하품상생 ⑧하품중생 ⑨하품하생의 9단계로 나타낸다. 부석사는 이렇게 아미타불 극락세계의 구품 단계를 상징하는 모습으로 석축을 구성하였으며 수행단계가 높아지면서 중생계에서 불세계에 도달하는 경험을 체험하게 해놓았다.

안양루에서 바라본 소백산

부석사는 영주 소백산에 있다. 백두산에서 시작한 산줄기가 태백산에서 멈추고 방향을 바꾸어 서남쪽으로 비스듬히 달려 이룬 것이 소백산맥이다. 백두대간의 지세가 허리에서 한 번 용틀임을 하였으니 이곳은 백두산의 지기가 응축된 곳으로 뛰어난 길지이다.

이런 길지에 화엄사상을 정립한 해동초조 의상대사가 그 사상에 근거하여 왕명으로 모델이 될 만한 사찰을 건립하였으니 실로 부석사는 신라가 불교를 도입한 후 화엄사상에 근거하여 제대로 만든 사찰이라 할 것이다. 부석사 창건 후 불국사와 화엄사 등이 만들어지니 이 사찰이 신라 불교에서 차지하는 상징성은 대단하다.

정토신앙(淨土信仰) 체계에 의거하여 주불법당은 극락정토 교주인 무량수불을 모셨다. 왜 탑을 세우지 않는지 물어보는 제자들에게 의상대사는 "무량수불은 석가모니불처럼 열반하는 일이 없고 항상 시방에 계시므로 탑을 세우지 않는다."라고 답하였다. 화엄사상을 형상화하여 표현하면 부석사와 같은 사찰구성으로 나타나는 것임을 알 수 있다.

선묘낭자와 의상스님

의상조사는 신라 사람으로 서기 625년 당시 귀족으로 태어나 귀하게 성장하였다. 서울 황복사에서 출가하여 입산수도했는데, 수도한 지 8년 만에 큰 뜻을 품고 원효대사와 함께 당나라로 향했다. 그러던 중 바위굴에서 해골 물을 마신 원효대사는 불교의 진수를 스스로 깨닫고 중간에 귀국하였으나 의상조사는 홀로 당나라를 향해 길을 떠났다. 당나라 양주에 이르러 병을 얻었는데 양주성 수위장인 유지인(劉至仁)의 집에서 병을 치료하던 중 그 집 딸 선묘(善妙)라는 처녀가 의상조사에게 연모의 정을 품었다. 그러나 조사는 선묘의 마음을 받아들이지 않고 법도로 대하여 제자로 삼았다. 선묘의 정성으로 몸을 회복한 조사가 다시 길을 떠나는데 선묘가 "귀국하실 때 이곳을 지나게 되면 꼭 소녀의 집에 한 번 들러주십시오."라고 간곡히 부탁하므로 대사는 쾌히 승낙하고 길을 떠났다.

얼마 후 의상조사는 당나라 장안 남쪽 종남산 지상사에서 지엄대사의 제자가 되고 드디어 화엄사상의 진수를 축약한 화엄법계도를 완성하였다. 해동화엄의 초조로 칭송받을 정도로 공부가 깊었는데 마침 당이 30만 대군으로 신라를 침범하려는 정보를 듣고서 급히 귀국하게 되었다. 돌아오는 길에 양주 선묘의 집에 가서 배를 구하고자 도움을 청했는데 바닷길이 험해 귀국이 쉽지 않았다. 이에 선묘가 "이 몸이 용이 되어 조사를 받들어 무사히 귀국하도록 해주시옵소서."라고 하며 바닷물에 몸을 던졌다. 용이 된 선묘의 호위를 받아 조사는 멀고 험한 바닷길을 지나 무사히 귀국하였다.

그 후 문무왕으로부터 화엄사상을 펼칠 사찰을 건립하라는 명을 받고 조사는 이곳 영주시 봉황산에 터를 잡으려 하였다. 그러나 이교도 무리 5백여 명이 먼저 자리를 차지하고 있었다. 이에 선묘가 법력으로 큰 바위를 들어 올렸다 내렸다 하니 무리가 겁을 먹고 도망갔다. 그리하여 조사가 비로소 사찰을 건립하였으니 바로 이곳이 부석사이다.

선묘각 내 선묘낭자 영정

또한 선묘는 조사를 흠모하여 사찰을 수호하기 위해 다시 석룡으로 변해 무량수전의 자리를 지켜주고 있다고 전한다. 현재 발굴조사 보고서에 의하면 석등에서부터 꼬리가 시작하여 머리 형상의 석룡이 무량수전 부처님에까지 묻혀 있음이 확인되었다.

부석사 창건에 얽힌 이 전설은 원효대사와 요석공주의 이야기처럼 그 사랑이 애틋하게 느껴진다. 무량수전 북서쪽 모서리에 선묘각을 만들어두었는데 마치 선묘의 전설을 통해 사랑을 승화시키는 데 귀감이 되도록 한 것처럼 느껴진다. 규모도 작고 기단도 없이 초라하여 마치 작은 사찰의 산신각 같은 느낌을 주는 선묘각 안에는 1975년에 그린 선묘의 영정이 걸려 있다.

의상대사 화엄법성게

화엄법성게는 화엄경의 사상을 핵심만 추려 함축한 것으로 의상대사의 독창적인 창작이라고 전해진다. 화엄법성게를 완성함으로써 의상스님은 명실공히 해동 화엄학의 초조로 칭송받게 되었으며 일본에서까지 흠모하는 인물로 부각되었다.

화엄법계도는 화엄사상의 요지를 210자 게송으로 압축한 도인(圖印)이다. 54각이 있는 도인에 합쳐서 만들었는데 가지가지 꽃으로 장엄한 일승(一乘)의 진실한 세계 모습이라는 뜻이다. 삼국유사에는 법계도서인, 화엄일승법계도, 화엄법계도, 일승법계도, 법성도, 해인도 등으로 기록하고 있다

法性偈(법성게)

法性圓融無二相(법성원융무이상) 법의 성품은 원융하여 두 모양이 본래 없고
諸法不動本來寂(제법부동본래적) 모든 법이 동함 없어 본래부터 고요해라.
無名無相絶一切(무명무상절일체) 이름 없고 형상 없고 온갖 것이 끊겼으니
證智所知非餘境(증지소지비여경) 참 지혜로 알 일일 뿐 다른 경계 아니로다.

眞性甚深極微妙(진성심심극미묘) 참된 성품 심히 깊어 지극히 미묘하니
不守子姓隨緣成(불수자성수연성) 참된 성품 지키잖고 인연 따라 이루더라.
一中一切多中一(일중일체다중일) 하나 중에 일체이고 일체 중에 하나 있어
一卽一切多卽一(일즉일체다즉일) 하나가 곧 일체요 일체가 곧 하나라.

一味塵中含十方(일미진중함십방) 한 티끌 속 그 가운데 시방세계 머금었고
一切塵中亦如是(일체진중역여시) 일체 모든 티끌마다 또한 다시 그러하라.
無量遠劫卽一念(무량원겁즉일념) 한이 없이 머나먼 무량겁이 일념이요
一念卽是無量劫(일념즉시무량겁) 일념 또한 한이 없는 머나먼 겁이어라.

九世十世互相卽(구세십세호상즉) 구세 십세 서로서로 어우러져 있음에도
仍不雜亂隔別成(잉불잡란격별성) 혼돈되지 아니하여 따로 따로 이루었네.
初發心時便正覺(초발심시변정각) 처음 발심하온 때가 깨달음을 이룬 때요
生死涅槃相共和(생사열반상공화) 생과 사와 큰 열반이 항상 서로 함께했고

理事冥然無分別(이사명연무분별) 이와 사가 아득하여 분별한 길 없는 것이
十佛普賢大人境(십불보현대인경) 열 부처님 보현보살 큰 사람의 경계여라.
能仁海印三昧中(능인해인삼매중) 해인삼매 고요 속에 온갖 것을 갈무리고
繁出如意不思議(번출여의불사의) 불가사의 무진 법문 마음대로 드러내며

雨寶益生滿虛空(우보익생만허공) 온갖 보배 비내리어 일체중생 이익하니
衆生隨器得利益(중생수기득이익) 중생들의 그릇따라 온갖 이익 얻음이라.
是故行者還本際(시고행자환본제) 이 까닭에 불자들은 본래 자리 돌아가서
是故行者還本際(시고행자환본제) 번뇌망상 없는 자리 얻을 것이 전혀 없네.

無緣善巧捉如意(무연선교착여의) 인연 없는 방편 지어 마음대로 잡아 쓰니
歸家隨分得資量(귀가수분득자량) 본집에 돌아가서 분수 따라 양식 얻네.
以陀羅尼無盡寶(이타라니무진보) 다라니의 무진법문 끝이 없는 보배로써
莊嚴法界實寶殿(장엄법계실보전) 온 법계를 장엄하여 보배궁전 이루고서
窮坐實際中道床(궁좌실제중도상) 영원토록 참된 법의 중도상에 편히 앉아
舊來不動名爲佛(구래부동명위불) 억만 겁에 부동한 것 그 이름이 부처일세.

– 부석사 홈페이지 참조

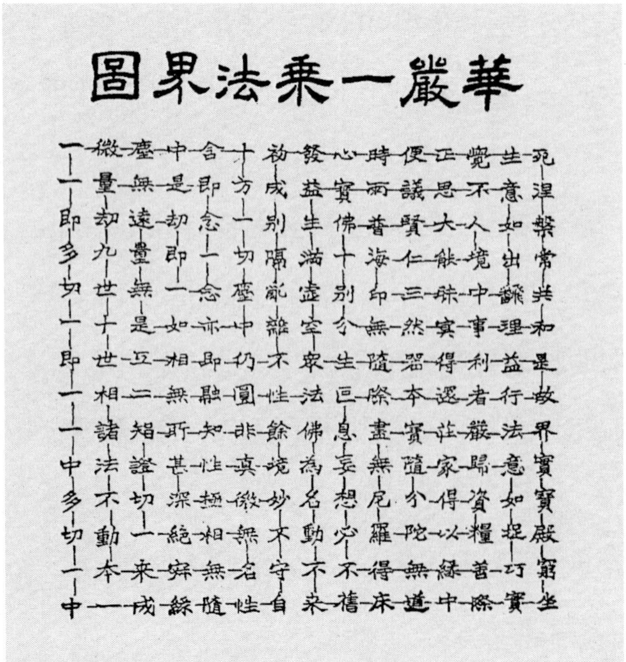

華嚴一乘法界圖

부석사 소장 판본 법계도

부석사 안양루

부석사 안양문

종각을 지나 법고가 있는 건물을 통과하면 눈에 보이는 문이 안양문이다. 극락세계를 안양국토라고도 하므로 극락세계를 들어가는 문이라는 뜻이다. 법고각을 지나온 위치에서 바라보면 안양문의 모양새가 가장 예쁘고 멋있다. 이처럼 45° 각도에서 보면 같은 건축물이라도 달리 보인다.

안양문은 누각형태의 건축물로, 공간 내부를 막는 외벽창호가 없다. 화려한 안양문으로 인해 우리의 시선은 뒤돌아볼 여유도 없이 환희심으로 올라가게 되는데 계단을 한걸음씩 올라갈 때마다 드러나는 무량수전의 자태는 그저 보는 이로 하여금 감탄사를 자아내게 한다. 장엄함과 엄중함이 함께 어우러진 한국건축물의 아름다움을 만끽하게 된다.

안양문을 통과한 뒤 뒤돌아섰을 때 눈에 들어오는 전경은 더 이상 언어로 표현할 수 없는 자연미의 최극치이다. 안양문을 올라서서 무량수전 배흘림기둥에 기대선다는 것이 무슨 의미인지 온몸으로 체득한다. 이를 어찌 문자로 표현할 수 있겠는가? 그래서 무량수전 배흘림기둥에 기대서보라고 했나 보다. 이곳이 바로 한국화엄의 진수이고 불교건축문화의 백미이다.

안양문 기둥과 지붕 사이에는 지붕을 받치는 공포가 있다. 이 공포와 공포 사이가 흡사 부처님이 좌정한 것처럼 보인다. 어두워지면 석등 불빛이 이곳을 비춤으로써 아래에서 보면 정확하게 부처님이 좌정한 모습이다.

무량수전 앞 석등

석등은 원래 어둠을 밝히는 것이지만 부처님의 진리를 비추는 상징물로 변화되어 법당이나 탑 앞에 의례적으로 조성한다. 국보 제17호인 부석사 석등은 무량수전 앞마당에 있는데, 무량수전에 들어서려고 안양루 계단을 오르면 제일 먼저 보인다.

석등 하대에는 음각면의 안상(코끼리 눈)이 2조씩 모두 8개가 새겨져 있다. 불교조형물에는 종종 코끼리 눈 문양이 들어가는데, 이는 코끼리를 성스럽게 여기는 인도의 전통일 것이다.

무량수전 앞 석등

하대 연화대석은 팔각인데 연꽃으로 덮여 있고 꼭지는 귀꽃을 돌려 장식하였다. 8각 간주석은 8정도를 상징하고, 간주석 위에 다시 연꽃을 장식하여 불[火]이 들어 있는 화사석을 받치고 있다. 화사석은 4면으로 창이 뚫려 사방으로 무명의 중생계를 비추고, 창 사이에는 보살상을 양각으로 새겨놓았다. 이 보살들은 모두 원형의 광이 둘씩 있으며 관을 머리에 쓰고 연화대에 서 있는데 목에는 삼도가 뚜렷하다. 수인은 양손을 모으거나 늘어뜨린 천의를 잡기도 하고 연꽃과 보주를 어깨와 가슴에 들었는데, 자세가 모두 자연스럽고 날씬하다. 상의는 입지 않고 천의만 양 어깨에 늘어뜨린 상태이다. 보살상이 석등을 호위하는 것은 화사석 안에 들어 있는 불[火]이 바로 부처님을 상징하기 때문이다. 스님들의 부도탑에도 신장상이 있지만 보살상은 조성하지 못하는 것과 비교해볼 때 확실히 석등은 부처님의 진리를 상징하는 것임을 알 수 있다.

지붕석은 삿갓 형태의 팔각지붕이다. 지붕 위 상륜부에는 원래 보주형 연봉이 있었는데 현재는 보륜 중간부위까지만 남아 있다.

무량수전(無量壽殿)

부석사의 주불전으로 아미타여래를 모신 전각이다. 아미타여래는 끝없는 지혜와 무한한 생명을 지녀 무량수불로도 불린다.

무량수전은 우리나라에서 두 번째로 오래된 건축물이라는 문화재적 의미도 중요하지만, 배흘림기둥에 주기둥 위에만 공포라는 부재를 올려 이렇게 큰 건축물을 만들었는데도 그 완성도와 아름다움이 빼어나 한국 목재건물의 진수로 평가받는다. 가장 오래된 목조 건축물은 안동 봉정사 극락전이다.

원융국사비문에 의하면 고려 현종 7년(1016년)에 원융국사가 무량수전을 중창하였다고 한다. 1916년 실시된 해체공사 때 발견된 서북쪽 귀공포의 묵서에는 공민왕 7년(1358년)에 왜구에 의하여 건물이 불타 우왕 2년(1376년)에 원융국사가 중수하였다고 되어 있다. 그러나 건축양식이 고려 후기 건물과 많은 차이를 보이므로 원래 건물은

부석사 무량수전

이보다 약 100년 정도 앞선 13세기에 건립한 것으로 추정한다.

계단은 모두 정면에만 3곳으로 나누어 조성하였고 좌우 측면 계단은 보이지 않는다. 무량수전은 정면 5칸, 측면 3칸 규모인데 기둥 사이의 주간거리가 크고 기둥도 높아 건물이 당당하고 안정감이 있다. 기둥은 모두 가운데가 볼록한 배흘림을 대단히 강조하였다. 기둥의 배흘림은 멀리서 볼 때 가운데가 오목하게 보이는 착시효과를 교정하기 위함인데 이는 건축물의 안정감을 보여주기 위해서 취하는 기법이다.

좌우 끝 기둥의 안 쏠림과 귀솟음 등도 건물의 안정감을 위해 착시를 교정하는 고도의 기법들이다. 정면 창호는 우물정자 창호로 별다른 장식을 하지 않아 소박하고 단정한 느낌이 난다.

무량수전은 기둥 위에만 포가 올라가는 주심포양식인데 주심포양식에서 주로 쓰이는 맞배지붕이 아니고 다포계열에서 보이는 팔작지붕 형식이라 독특하다. 주심포와 다포계는 지붕의 무게를 지탱하는 효과에서 차이가 나는데 주심포양식으로 팔작지붕을 취하면 상부의 하중이 심해져 안정감을 위협한다. 그러나 무량수전은 활주를 사용하여 지붕 무게를 분산시켰다.

무량수전의 출입문은 밖으로 열리게 만들었다. 이는 불전의 부처님이 열어주는 것을 의미한다. 안으로 밀고 들어가는 출입문과는 다른 것이다. 대부분의 사찰이 공간 활용을 위해 밖으로 문을 열기 때문에 별다른 특징이 아니라고 말할 수도 있지만, 초기 건축물은 그 하나하나가 후기의 기준이 되기 때문에 중요하다.

수덕사 대웅전 출입문은 안으로 밀고 들어간다. 석가모니불 궁전은 밀고 들어가고 아미타불 궁전은 부처님께서 열어준다는 의미로 해석된다. 아미타불 신앙은 부처님의 가피를 중시하는 기도 신앙의 성격을 은연중에 가지고 있다. 의상대사나 원효대사가 아미타불 신앙을 펼치는 것은 어려운 화엄사상에 중생이 쉽게 접하고 다가올 수 있게 하기 위함이다. 누구나 아미타불만 부르면 현세 즉시 성불한다고 하며 중생들에게 아미타불을 부르게 하여 신라 서라벌은 아미타불 부르는 소리로 장관을 이루었다고 한다.

원래 화엄경의 성격에 맞춰보면 주불은 법신인 비로자나불을 모셔야 할 테지만 두 분 고승이 화엄사상을 펼치면서 아미타불로 주불을 삼은 것은 이처럼 중생을 위한 배려로 보인다.

법당 내 본존불은 좌우보처가 없는 아미타불 1존불이다. 본존불 상단에는 닫집을 조성하였으며 본존불을 돌면서 경배할 수 있도록 뒤 공간은 열려 있다.

소조아미타여래좌상(국보 제45호)

아미타불은 서방 극락국토를 주재하는 부처님이다. 무량의 수명을 가져 열반하지 않고 현재에도 시방에 상주한다. 무량수전은 남향이지만 주불은 오히려 동쪽을 향해 좌정하였다. 무량수불은 서방에 계시기 때문에 동쪽을 향해야 한다는 이유에서 이렇게 배치하였다.

무량수전 내 아미타불상

불상은 화려한 광배를 뒤에 갖추고 거대한 금색신을 갖춘 소조아미타불로 높이는 278cm, 광배높이는 380cm이다. 소조불상이란 진흙으로 만든 불상을 말하는데, 이 불상은 우리나라 소조불상 가운데 가장 크고 오래된 작품이라고 한다. 도피안사 철조비로자나불상과 같은 고려 초기 불상과 같은 계열이다.

불상은 오른쪽 두 번째 손가락을 살짝 들어 촉지수인을 표현하였다. 촉지수인은 석가모니부처님을 표현하는 수인이지만 불상을 모신 장소가 극락전이라는 사실과 부석사에 있는 원융국사탑비 비문에 아미타불을 만들어 모셨다는 기록이 있다는 점에서 이 불상은 확실히 아미타불로 알려져 있다. 지금의 손모양은 조선시대에 파손된 불상을 고치면서 바뀐 것으로 추정한다.

군위의 제2석굴암 본존불도 촉지수인을 하고 있지만 좌우보처를 관세음보살과 대세지보살로 부촉하고 아미타불임을 표현하였다. 고려시대에는 아미타불이 정형적으로 구품수인을 취하였으나 이 불상을 조성할 때, 신라 창건 때의 불상을 따라 오히려 촉지수인을 취하고 아미타불로 모셨을 수도 있다.

불상은 좌상으로 자세는 오른쪽 다리를 위로 올려 마귀에게 항복을 받는 항마좌이다. 오른쪽 어깨가 드러난 법의, 즉 우견편단으로 조성하였는데 지나치게 주름을 강조해 인위적인 느낌이 난다. 왼쪽 팔과 오른쪽 허리 부분에서 법의를 몸에 밀착시켜 얇은 천의를 표현하였다. 주름은 무릎 부분으로 자연스럽게 흘러내려 연꽃 모양으로 바닥에 펼쳐진다. 목에는 주름 3개가 선명하고 반개한 눈을 위시하여 얼굴은 전체적으로 아주 평온한 느낌이다. 육계는 작은 편이고 곱슬머리인 나발은 중앙부가 조금 높다.

광배는 목조로 따로 만들었는데 화려한 당초무늬와 화염무늬를 장식하였고 두광과 신광에는 화불 7구를 붙인 흔적이 남아 있다.

단하각

근세에 지은 정면 1칸, 측면 1칸의 맞배집으로 응진전 뒤쪽에 있다. 현재 건물 내부에는 손에 쥐를 들고 있는 작은 나한상을 모셨다.

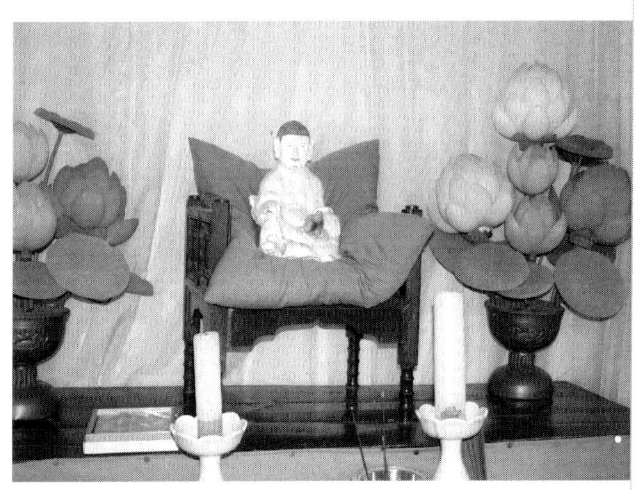
단하각 내 나한상

정면에 걸린 현판의 '단하'가 무엇을 뜻하는지는 확실하지 않다. 중국 육조시대의 단하천연선사는 사리를 얻기 위하여 목불을 쪼개 땠다는 단하소불의 고사로 유명한데, 그 선사를 모신 것이라면 선종과 연관이 있을 것으로 추정할 뿐이다.

선종 스님들의 기인한 행적 가운데 유명한 단하소불의 고사는 다음과 같다.

중국의 단하천연스님이 어느 겨울날 혜림사에 묵고 있는데 날씨가 너무 추웠다. 그러자 스님은 법당에 모셔놓은 목불을 들고 나와 도끼로 쪼개어 불을 지폈다. 이를 본 원주스님이 깜짝 놀라 "무슨 이유로 부처님을 태우는 거요?" 하고 꾸짖었다. 단하스님은 천연덕스럽게 "부처님의 몸을 화장하니 사리가 많이 나왔다기에 나도 이 부처님을 화장하여 사리를 얻으려는 것이오." 하고 대답했다. 원주스님은 "나무로 만든 부처님에게서 무슨 사리가 나온단 말이오?"라고 하면서 몹시 화를 냈다. 단하스님은 "사리가 나오지 않는다면 부처님이 아니라 나무토막일 뿐이니 뭐 그리 잘못된 일도 없지 않소?"라고 반문하였다.

단하선사가 중국의 유명한 선사임은 확실하지만 쥐와 연관된 일화는 확인된 바가 없다. 무량수전으로 흐르는 지맥의 통로에 쥐를 잡는 나한을 봉안한 것은 아무래도 풍수와 관련된 듯하다. 봉황산의 봉황알을 쥐가 물고 가지 못하도록 지킨다는 이야기가 전래되는데, 훨씬 설득력이 있는 것 같다.

통도사에 가면 천왕문을 통과한 좌측에 지신을 모시는 건물이 있으며 또한 호환을 막기 위해 호랑이의 기운을 누르는 호압석을 두 군데에 묻어놓았다. 이처럼 전통사찰은 예부터 풍수와 관련된 조성물을 두는 경우가 많았다. 이 단하각도 부석사의 봉황 기운을 보호하기 위한 전각일 것이라 짐작한다.

한국 석조예술의 결정체로 만들어진 불국정토, 경주 불국사

경주 불국사 특징과 의미

경주 토함산 아래 불국사는 한국을 대표하는 사찰석조예술의 완성미를 보이는 곳으로 세계인류문화유산으로 등록된 자랑스러운 문화재이다. 부석사 창건 이후 조성되었으며 부석사가 목재건축물을 통한 화엄세계를 표현했다면 불국사는 석재건축물을 통해 불국세계를 구성하였다.

불국사의 백미는 우선 청운교 백운교와 연화 · 칠보교로 이어지는 사찰 진입부의 석재문화재이다. 보통 사찰은 불이문을 지난 후 불국정토의 진수를 표현하는데, 불국사는 불이문을 통과하기 전부터 그런 효과를 주고 대웅전 마당의 다보탑과 석가탑에 이르러 장엄함이 배가된다. 33개 석축계단으로 만들어 도리천을 상징하고 자하문과 더불어 장엄하고 화려한 계단을 통해 들어가는 불국세계에서는 다보여래와 석가여래가 법을 설한다. 그야말로 불국사는 사찰로 들어갈수록 환희심이 점점 더 커지는 사찰이다. 불국사 일대에 조성된 석재예술품들은 모두 대단히 공을 들여 만들었고, 그 예술적 완성미 또한 높다.

불국사 창건에 얽힌 설화

불국사고금창기에 보면 불국사는 528년(신라 법흥왕 15년) 법흥왕의 어머니 영제부인의 발원으로 창건하였다. 그 후 574년 진흥왕의 어머니인 지소부인이 중건하면서 비로자나불과 아미타불을 주조하여 봉안하였다. 670년(문무왕 10년)에는 무설전을 새로 짓고 751년(경덕왕 10년)에 김대성이 크게 개수하면서 탑과 석교 등도 만들었다고 한다.

삼국유사는 불국사 창건에 관한 내용을 다음과 같이 기록한다.

신라시대 모량리에 경조라는 가난한 여인에게 아이가 있었는데 이마가 평평하고 성과 같아서 대성이라고 하였다. 어머니는 어려운 살림에도 불구하고 대성을 위해 흥륜사 법회에 시주하였는데 대성은 더 좋은 곳에 태어나기 위해 죽어서 환생하게 되었다. 이때 당시의 재상 김문량의 집에 "모량리 대성이란 아이가 지금 너의 집에 태어날 것이다."라는 하늘의 소리가 있어 김문량이 확인해보니 모량리에서 대성이 죽었는데 하늘에서 소리 나던 때와 같았다.

그때 김문량 아내가 임신하여 아이를 낳았다. 아이는 왼손을 쥐고 펴지 않다가 7일 만에 폈는데 손안에 대성이라는 두 자를 새긴 금간자가 있었다. 이에 대성이라고 이름 짓고 그 어머니를 모셔와 봉양하였다. 대성이 장성하여 사냥을 위해 토함산에 올라 곰 한 마리를 잡았는데 꿈에 곰이 귀신으로 변하여 네가 어찌 나를 죽였느냐, 내가 도리어 너를 잡아먹겠다, 라고 하자 이에 대성이 용서를 빌었다. 곰은 다시 대성에게 "나를 위해 절을 지어줄 수 있겠느냐" 하니 대성이 그렇게 하겠다고 하고 꿈에서 깨어나 장수사를 지었다. 이후 대성은 깨달은 바가 있어 불교에 귀의하였는데 현세의 양친을 위해 불국사를 짓고 전생의 부모를 위해 석불사를 창건하여 신림·표훈 두 스님에게 각각 관리하게 하였다.

설화의 내용을 통해 보면, 현재의 신분제약을 죽음과 환생이라는 과정을 통해 극복하고 있다. 또한 죽은 곰이 귀신이 되어 산 사람을 괴롭힌다는 내용은 현재의 삶과 사후의 삶이 연결되고 선업과 악업이 각기 후생에 영향을 미침을 말한다. 그리고 설화는 당시 신라가 삼국 전쟁의 와중에서 전란으로 많은 죽음을 겪으면서 사후세계에 대한 관심이 높았음을 간접적으로 드러낸다. 죽음이 끝이 아니라 새롭게 태어난다는 윤회사상으로 생명의 연속성을 희구한다.

신라가 삼국을 통일한 시기에 불국사를 창건하였다는 것은 전란 와중에 희생된 수많은 생명이 부처님의 은혜로 다시 좋은 곳에 태어나기를 염원하는 마음의 상징이다. 죽고 죽이며 원한으로 얽힌 백제 유민과 신라인의 관계를 참회와 용서로 해소해나가자는 마음의 상징이다.

통일신라기에 원효와 의상대사가 화엄사상을 펼치면서 원융화합을 설파한 것도 바로 통일신라가 맞은 시대적 배경에 기인하였다. 불국사는 화엄사상을 적극 수용하고 펼쳐낸다. 또한 통일시대를 열어가는 정신적 귀의처로 자리매김한다.

창건 후 불국사는 신라를 넘어 고려시대까지 화엄사상의 주요도량으로 유지되다가 임진왜란 때 소실된다. 그 후 쭉 폐사로 방치되다가 1593년 사세를 복구하기 시작한다. 일제강점기에는 일본인의 주목을 받아 일부 전각이 중수되고, 해방 후 1969년 박정희 전 대통령이 본격적으로 복원하기 시작하여 오늘에 이른다.

청운교 · 백운교

대웅전으로 들어가기 위해 올라가는 석교가 청운교와 백운교이다. 청색 구름과 백색 구름다리라는 뜻인데, 얼핏 구름다리라는 표현에서 고개가 갸우뚱해진다. 다리 계단이 모두 33개라서 도리천으로 들어가는 하늘다리라는 의미로 구름다리라 표현한 듯하다.

그런데 자세히 보니 벽면에 물이 나오는 수구가 있고 그 밑에 넓고 편편하게 보이는 큰 돌이 있다. 대웅전 아래로 통과한 자연수가 수구를 통해 나와 청운교 · 백운교 아래쪽에서 포말로 부서지면 물안개가 되어 구름처럼 보일 것이다. 그야말로 구름 속 다리가 되는 셈이다. 지금은 수구에서 물이 나오지 않아 과거 구름다리의 감흥을 느낄 수는 없다.

하늘나라의 다리인 청운교 · 백운교는 수미산의 중턱을 넘어서 정상으로 올라가는 곳이니 33개 계단을 올라서면 이곳이 수미산 최정상이다. 수미산 최정상은 도리천으로, 모두 33개 천상으로 이루어진 세

청운교와 백운교

계이다.

도리천이 되는 계단 상단을 통과하면 자하문을 지난다. 자하문은 이제 불국토를 만나게 되는 불이문이다. 불국토를 만나기 위해 통과하는 이 자하문도 물안개와 관련된다. 물안개가 피면 대웅전 앞마당 석등에서 불빛이 비쳐 안개가 불그스레하게 보인다. 붉은 이슬구름, 바로 자하이다. 자하색은 부처님의 몸 색깔로서 사리가 방광할 때도 이렇게 붉은 금빛을 띤다. 자하문이라는 현판은 청운교 · 백운교를 올라 위를 보면 보인다.

대웅전

자하문을 지나면 나오는 본존법당이다. 석가모니부처님이 본존이고 좌우에 가섭존자와 아난존자가 있으며, 그 좌우에 다시 문수보살과 보현보살이 있다. 본존불을 중심으로 좌우에 4분이 협시하는 셈이다.

불국사 대웅전 내부 모습

본존불 좌측에 노스님과 같은 제자 상이 있는데 바로 가섭존자이다. 가섭은 부처님 제자 가운데 마음법을 전해받은 분이다. 하루는 부처님이 연꽃 하나를 집어 들었는데, 가섭만이 이를 보고 빙그레 웃었다. 부처님은 "나에게 말로 전하지 못한 마음법이 있는데 이것을 가섭에게 전하노라." 하였다. 바로 염화미소라는 이야기이다.

우측에는 아난존자가 있는데 아난은 부처님의 설법을 모두 기억했던 제자이다. 부처님 사후 경전을 만들 때 제자들은 아난존자의 기억에 따라 그 내용을 다시 들은 후 진위여부를 확인하고 정리하였다. 많은 불교 경전의 첫머리가 "나는 이렇게 들었다(여시아문)"로 시작하는 이유이다.

대웅전 바닥에 흘렀던 자연수

옛날에는 전각 바닥을 지금처럼 마루로 만들지 않고 구운 벽돌, 즉 전돌을 많이 깔았다. 백제계 문화유산으로 유명한 산경문전도 바로 바닥에 깔린 전돌이다. 전돌은 도자기처럼 실내온도가 변하면 이슬이 맺힌다. 그런데 목재건축물에서는 이슬 때문에 부재가 썩을 위험이 있어서 습기 제거장치가 필요한데 우리 조상들은 자연수를 바닥 아래로 흐르게 하는 방법을 썼다. 석굴암이 바로 그런 예다.

불국사는 금당 바닥에 자연수를 흐르게 하여 습기를 제거함과 동시에 이를 용으로 상징화하였다. 바닥에 물이 흐름은 용이 금당을 업은 형상이 되고, 이는 바로 반야용선을 의미한다. 금당 계단 쪽에 조성한 용머리도 바로 이를 구체화시키기 위함이다.

자하문 옆 토수구

이전에는 불국사 대웅전 바닥에 자연수가 흘렀다고 한다. 그 물이 청운교·백운교 옆 토수를 통해 빠져나오고 포말로 부서지면서 이슬이 되어 물안개를 피웠을 것이다. 청운교·백운교에 물이 없는 지금의 불국사는 미완성 복원이다.

다보탑과 석가탑

대웅전 앞에는 탑 2기가 있는데 정면에서 보았을 때 왼쪽이 석가탑이다. 단순한 양식에 간결한 미를 보여준다. 우리나라의 정형적인 석탑양식으로 무명탑이라고도 한다.

불국사 다보탑

원래 탑은 석가모니부처님의 사리를 봉안하므로 별도로 석가라는 말을 붙일 필요가 없다. 하지만 이곳에서는 마주보는 다보탑과의 관련성 때문에 그 의미가 특별하다. 법화경 견보탑품에는, 석가모니부처님의 말씀이 진실이면 땅에서 탑이 솟아나고 다보여래가 출현하여 이를 증명한다는 기록이 있다. 곧 석가모니불이 진리를 설법하고 있음을 상징하는 것이 석가탑이며, 설법이 진실임을 증명하기 위해 만든 것이 다보탑으로 다보탑의 배치는 불국사에서만 볼 수 있다. 다보탑은 정형적인 우리나라 탑에서는 볼 수 없는 기법으로 만들었는데 석재를 이용한 조각예술의 극치를 보여준다.

불국사 석가탑

현진건의 소설 무영탑이 발표되고 무영탑에 관한 사랑이야기가 전설로 전해 내려온다.

아사달은 불국사 다보탑을 완성하고 석가탑을 만드는 데 여념이 없었다. 남편을 그리던 아사녀는 서라벌로 찾아갔으나 탑이 완성될 때까지 기다려달라는 주지의 뜻을 받아들여 탑의 그림자가 비칠 거라는 못가에서 기다렸다. 남편을 지척에 두고도 만나지 못하던 아사녀는 문득 못 속에서 탑의 환상을 보고 아사달을 그리며 연못으로 뛰어들었다. 석가탑을 완성하고 아사녀가 기다리는 영지로 찾아간 아사달 역시 아내의 죽음을 알고 아사녀를 부르며 못 속으로 뛰어들었다. 이후 아사녀가 남편을 기다릴 때 탑의 그림자가 연못에 비쳤다 하여 그림자 못, 영지라 하였고 그림자를 비춘 다보탑을 유영탑, 비추지 않은 석가탑을 무영탑이라고 불렀다. 연못가 소나무숲에 그들의 명복을 빌기 위해 세웠다는 영사의 영지석불좌상(보리사부처님)이 남아 있다.

석가탑에서 나온 무구정광대다라니경

석가탑 2층 탑신부에 안치한 사리함 속에서 1966년 10월 13일 목판인쇄물이 발견되었다. 바로 무구정광대다라니경(국보 제126호)이다. 닥종이에 먹으로 인쇄한 목판본 두루마리 상태였다. 현재 국립경주박물관에 보관된 다라니경은 세계에서 가장 오래된 목판인쇄물로 확인되었다. 석가탑 무구정광대다라니경은 석가탑을 조성한 751년(경덕왕 10년)에 인쇄해 봉안하였으며, 770년경에 간행된 일본의 백만탑다라니보다 19년이나 앞선다.

무구정광대다라니는 탑을 조성할 때 넣는 다라니(주문)로서 무구정광대다라니경에서는 다라니의 정식 명칭을 '최승무구청정광명대단장법'이라 한다. 다라니를 외우며 탑돌이를 하거나 다라니를 탑에 봉안하면 단명자는 수명장수하고 죽은 뒤에는 극락왕생한다고 한다. 무구정광대다리경을 설하게 된 배경은 다음과 같다.

인도의 한 바라문이 곧 죽을 거라는 예언을 듣고 걱정을 하다가 부처님께 해결방법을 물었다. 부처님은 "단명의 운명을 가진 자는 탑을 짓고 다라니를 외우라" 고 답했다.

무구정광대다라니

나무삽다삽다디뱌 삼약삼몯다구디남 반리숟다마나사 바짇다반리딧디다남 나무바가바디아미다유사사다다아다사 옴 다다아다숟뎨 아유비수달니 싱하라싱하라 살바다다아다비리야바리나 반라디싱하라아유 살마라살마라 살바다다아다삼매염 몯디몯디 몯댜비몯다 몯다야몯다야 살바바바아바라나비숟뎨 비아다마라배염 소몯다몯뎨 호로호로스바하

불국사 극락전

불국사 극락전은 앞쪽의 연화교 · 칠보교에서부터 구성체를 이룬다. 청운교 · 백운교 서편에 위치한 연화교 · 칠보교는 석축계단을 통해 올라가야 하는데 지금은 막혀 있다. 연화교 계단은 연꽃모양을 새겨 특징적이다. 극락은 연꽃과 칠보라는 보배로 치장되어 있다 하니 연화교와 칠보교는 모두 극락세계를 표현하는 용어들이다. 극락에는 특히 구품 연못이 있다고 전하는데 이곳 극락전 일대에도 예전에는 연못을 두었다고 한다. 극락전을 제대로 꾸미려면 연꽃 만발한 연못을 만들고 그 연못을 9개 품계로 나누어야 한다. 구품 연지를 조성해 수생식물과 꽃이 만발한 극락공간이 되기를 기대해본다.

불국사 극락전은 대웅전 일곽과는 독립된 영역이다. 다른 사찰에서는 대웅전과 극락전의 경계를 만들지 않는데 이곳은 다르다. 극락전이 대웅전의 일각이 아니라 별도의 국토이다. 연화교 · 칠보교는 그 통로이다. 현재 불국사 극락전에는 극락국토를 주재하는 아미타불을

봉안하였으며 하품의 중간단계 중생을 위해 설법을 하는 수인을 취했다. 본존불은 별도의 보처 없이 1존불을 조성하였다.

불국사 관음전

불국사에는 천수천안을 갖춘 관세음보살이 있다. 관음전에는 천수천안을 갖춘 관세음보살 탱화를 조성하였다. 흰옷을 입은 백의관음이 다수를 차지하는 우리나라 관세음신앙에서 이처럼 천수천안관세음 탱화를 모신 곳은 몇 안 된다. 석굴암 관세음보살이 11면 얼굴로 이루어졌다면, 불국사 관세음보살은 천 개의 손에 각각 지물을 들고 그 손바닥에 다시 눈이 달려 천수천안이라고 불린다.

신라향가에 전하기를, 눈먼 소녀가 관세음보살께 기도하였다. "관세음보살님은 눈이 천 개나 되니 저에게 한 개만 주세요." 그리하여 관세음의 가피력으로 눈을 뜨게 되었다.

신라향가에 이 내용이 나오는 걸 보면 당시의 관세음신앙은 지금처럼 백의관음이 아니라 불국사 같은 천수천안관세음이었을 것이다. 물론 관세음보살의 형상은 대단히 다양하다. 최근 강원도 양양 낙산사에는 수많은 종류의 관세음보살 형상을 목각으로 조성해놓았다. 그럼에도 불구하고 우리나라 많은 사찰의 관세음보살상은 낙산사 홍련암에서 의상대사가 친견한 해수관음 혹은 백의관음이다. 불국사에 가면 다른 데서는 보기 힘든 천수천안관세음보살을 꼭 찾아보기 바란다.

섬진강에 뛰노는 여덟 마리 물고기가 노래를 한다, 하동 쌍계사

지리산 쌍계사 특징과 의미

지리산의 기운을 함축하여 옥색 맑은 물이 흘러내리는 이곳은 일찍부터 신라의 신선이라 불리는 최치원이 자주 찾았던 곳으로 명산 아래 명찰이라 아니할 수 없다. 쌍계사는 1,200여 년 전인 840년(신라 문성왕 2년)에 진감선사 혜소국사가 창건하였다. 혜능스님의 머리를 가져와 봉안하였다고 하니 이는 달마대사로부터 전해온 선종

쌍계사 일주문

의 법맥을 이어감을 의미한다. 혜소스님은 이곳에 불교범패를 전하는 도량으로 구축하였고, 한국 불전의식 음악이 태동한 사찰로서도 그 의미가 적지 않다. 남향과 서향으로 이루어진 사찰 구성은 쌍계사만의 특징이다. 청학루를 위시한 일단의 가람배치에서 육조 정상 탑이 있는 금당이 주불전을 이루었으나 새로이 서향의 가람배치를 구성하였다. 옥천이 휘돌아 가도록 아름답게 조성한 가람은 일주문, 천왕문, 금강문을 지나 팔영루에 이르고 마침내 대웅전에서 끝맺음을 한다.

처음에는 옥천사라고 하였는데 헌강왕 때 한 고을에 같은 이름의 절이 두 개가 있어 혼동을 일으킨다 하여 문전에 흐르는 쌍계를 따 쌍계라는 호를 하사하고 학사 최치원으로 하여금 '쌍계석문' 4자를 쓰게 하여 바위에 새겼다. 그 후 두 차례나 화재로 소실되었으나 1632년(인조 10년)에 벽암을 비롯한 여러 승려가 복구하여 오늘에 전한다. 현대에 들어 대웅전 뒤편 나한전을 위시하여 대장경의 중요성을 고려하여 마침내 적멸보궁을 조성하니 불, 법, 승 삼보의 신앙세계를 다시 구축하게 되었다.

진감국사

혜소스님(774~850, 진감국사)은 신라시대의 승려이다. 어려서 부모를 여의고 843년에 당에 가서 창주 신감대사 밑에서 승려가 되었다. 810년 숭산 소림사에서 구족계를 받고 종남산에 들어가 도를 닦았으며 830년에 귀국하여 상주 장백사에서 선을 설법하였다. 그 후 지리산 화개곡에 들어가 옥천사를 짓고 여생을 마쳤다. 쌍계사를 개창한 종지이며 육조 혜능대사의 남종선을 전한 선사이다. 한국에 범패를 전한 인물로 중국에서 육조 혜능대사의 두골을 가져와 쌍계사에 봉안하였다.

쌍계석문

쌍계와 석문

화개천을 가로지르는 쌍계교를 지나 늘어선 상가를 지나면 큰 바위 두 개가 석문처럼 우뚝 서 있다. 좌측에는 쌍계, 우측에는 석문이라는 글자가 각각 쓰여 있는데, 전하는 바에 의하면 신라 최고의 석학 고운 최치운이 왕명으로 쓴 것이라 한다. 옥천사가 쌍계사로 바뀌게 되는 배경을 설명하는 유적이며 최치운의 서체를 직접 감상할 수 있다.

팔영루

쌍계사 팔영루

보제루에 해당하는 건물로, 그 명칭이 이채롭다. 진감선사가 섬진강에 뛰노는 물고기를 보고 팔음률로써 어산(魚山, 범패)을 작곡했다고 하여 팔영루라 지었다 한다. 불교음악인 범패명인을 교육하는 공간이기도 하다.

건물은 정면 5칸, 측면 3칸의 맞배집 목조와가로서 2층이고 총 건평은 106평인데 진감선사가 조성했다고 전한다. 그 뒤 조선시대인

1641년(인조 19년)에 벽암 각성스님이, 1978년에 고산스님이 각각 중수하였다.

범패는 불교음악에서 사용하는 각종 소리를 총괄하는 말이다. 염불, 회심곡, 예불, 불전의식에 사용되는 소리를 총괄한다. 이에 반해 나비춤, 바라춤 등의 움직임을 작법이라고 한다. 불전의식에는 범패와 작법을 함께 사용하는데 대표적인 것이 영산재이다. 사찰에서 일상적으로 행하는 예불을 비롯하여 발원, 축원을 하는 불공, 천도재 등에서 사용하는 불교음악이 모두 범패에 해당하는데 이러한 불교음악의 전통이 진감국사 혜소스님에서부터 시작되므로 모름지기 쌍계사는 한국 범패의 원류지이다.

진감국사 탑비

진감국사 탑비

팔영루 앞에 있는 진감국사 탑비는 진감국사에 관한 내력을 자세히 기록해 사료 가치도 중요하지만 최치원의 필체가 새겨져 있어 더욱 귀한 유산이다. 신라 정강왕이 진감선사의 높은 도덕과 법력을 앙모하여 정강왕 2년(887년)에 건립하였다.

비의 높이는 3m 63cm, 탑신의 높이는 2m 2cm, 혹은 1m, 귀부와 이수는 화강암이고 비신의 재질은 흑색 대리석이다. 비신의 우측 상부가 크게 흠집으로 떨어졌고 균열도 상당히 심하며 귀두는 짧고 신라 후기의 특징을 보인다. 이수는 양측을 비스듬히 자른 오각형으로 4면에 여의주를 다투는 용이 있고 전면 중앙에 방형으로 깊이 판 제액이 마련되어 있으며 비문은 모두 2,423자이다.

쌍계사 대웅전

쌍계사의 주 신앙처이며 사찰에서 제일 높은 곳에 위치한다. 팔영루에서 바라보는 대웅전은 2층 이상의 높이 차이가 나 산지가람의 특성을 한껏 뽐내고 있다.

쌍계사 대웅전

대웅전 내 석가모니불과 약사불

대웅전은 촉지수인을 취한 석가모니불을 주불로 봉안하고 좌측에 약사여래불을 안치하였으며 약사여래의 좌우보처로 일광보살과 월광보살을 협시하였다. 우측 아미타불은 구품수인을 취했으며 관세음보살과 대세지보살을 협시하였으니 총 불상이 일곱이다. 석가모니불 협시보살로 문수와 보현은 따로 조성하지 않았다. 좌정한 불상들은 양쪽 어깨를 덮은 통견 모습이고, 주불마다 별도의 후불탱화를 배치하였다.

건축물은 목조로 정면 5칸, 측면 4칸의 단층 팔작지붕 다포계 건물이다. 중앙 3칸에는 각각 사분합의 빗살문이 달렸고, 상부에는 창방

밑으로 광창을 달았으며, 기둥이 그만큼 높아져서 규모도 큰 편이다. 1968년 12월 19일 보물 제500호로 지정되었다.

청학루

쌍계사가 두 개의 사찰처럼 보이는 구조를 갖는 이유는 초기 구성 이후 후대에 서향으로 대웅전 일각을 다시 조성하였기 때문이다. 청학루를 위시하여 팔상전과 육조정상탑으로 이어지는 일련의 전각은 독립적 신앙세계를 구성한다. 진감국사가 육조정상탑을 조성할 당시에 구성한 쌍계사 최초의 공간으로서, 남향 구조이다. 청학루는 1930년에 건립한 맞배지붕의 2층 누각이다. 보제루와 같은 성격으로 보이는데, 초심 승려들의 수도장소로 사용하기도 했다 한다.

육조정상탑

청학루를 지나 가장 높은 곳으로 올라가면 금당이 나온다. 금당 내에는 육조정상탑을 조성하였다. 중국불교 선종의 6대조인 혜능대사의 정상, 즉 두개골을 모신 건물이다.

통일신라 경애왕(924~927년 재위) 때 진감선사가 건물을 세워 육

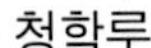

청학루

육조정상탑

조영당이라 하였으며, 후에 금당이라 불렀다고 한다. 건물 안에는 7층 석탑이 있는데 이 탑은 1800년대에 목압사의 석탑을 용담스님이 옮겨놓은 것으로 그 뒤부터 육조정상탑이 되었다. 건물 앞쪽에는 추사 김정희가 쓴 '육조정상탑', '세계일화조종육엽' 현판이 걸려 있다. 건물 외벽에는 육조 혜능대사의 일화를 벽화로 그려놓았다.

금당 현판

육조 혜능대사는 달마대사 이후 중국의 선맥을 6대째로 이은 선사로서 『육조단경』의 저자로 유명하다. 한국의 선맥도 모두 혜능대사로부터 법등을 이어왔다고 한다. 그 육조대사의 두개골을 몰래 가져와 봉안하였으니 혜능대사의 정수가 한국의 쌍계사에 있는 셈이다.

화개 야생차와 쌍계사

화개 일대는 야생차를 재배하는 차밭이 많다. 녹차가 최근 대중화되었지만 차는 불전에 올리는 여섯 가지 공양물 가운데 하나였다. 예전에는 대부분 승려들이 차를 맛보고 즐겼다. 우리가 커피를 즐기는 것보다 더 깊이 일상적으로 차를 음미했다. 차의 효능이 알려지고 관련 상품이 만들어지면서 차 수요는 급격히 늘어나는 중이다. 커피에 시달리던 사람들도 이제 차로 관심을 돌린다. 쌍계사를 중심으로 한 화개 일대는 예전부터 차를 재배하는 농가가 많았고 지금은 더 늘었다. 햇차가 나오면 제일 먼저 쌍계사 대웅전에 올리고 인사를 하는 전통도 쌍계사와 차의 관련성을 짐작하게 한다. 전국의 사찰 승려라면 누구나 다 화개에서 나온 차를 즐겼을 것이다.

근간 화엄사와 시배지 논쟁이 붙은 이곳은 차에 대한 관심이 얼마나 높은지 방증하는 현장이기도 하다. 임진왜란 때 가장 크게 수탈당한 것이 도자기와 도공이었는데, 일명 막사발로 불리는 도자기를 지금도 일본은 국보로 숭배한다. 일본의 막사발 존대는 바로 차문화 활성화가 그 배경이다. 우리나라에서도 차문화에 관심이 높아지고 있어 대단히 긍정적이지만 세계 차수요 대중의 증폭에 비하면 빙산의 일각이다. 이제라도 차의 품종과 질을 높이기 위한 계기로서 시배지 논쟁이 가열된다면 말릴 일도 아니고 오히려 좋은 차 논쟁으로 발전하여 더 치열해지길 기대해본다.

미래의 배필을 미리 볼 수 있는 곳, 김천 직지사

김천 직지사의 특징과 의미

해동 중앙에 위치한다는 김천 황악산 아래, 한국에 최초로 불교를 전한 아도화상이 터를 잡았다는 점에서 그 의미가 남다르다. 신라가 불교를 국교로 승인하기 전에 창건하였다는 점이 특징이고, 고구려로부터 신라에 불교를 전한 아도화상이 이 사찰을 창건할 때 선종의 가르침을 표방하였음이 또한 독특하다.

당시 신라는 자장율사를 통해 계율을 도입하는 시기였으며 부처님의 진신사리를 모셔와 불교신앙의 체계를 세워나갔다. 원효와 의상대사의 화엄사상을 통한 교학적 체계를 이룬 것이 신라가 통일하고 난 뒤라는 점을 상기해보면 선종의 진리를 담은 고도의 불교사상이 이 시기에 벌써 전래되고 있음은 대단히 놀라운 일이다.

직지사는 신라 말 경순왕 때 대웅전 일각을 중심으로 확장했다고 한다. 대웅전과 비로전이 혼합된 대웅대광명전이라는 표현을 사용했다는 점은 화엄사상이 전래되어 영향을 주었음이다. 그 후 고려시대 때 중앙지역을 관장하는 주요 사찰로 부각되면서 크게 중수되었고, 비로전이 조성되면서 그간의 사찰 배치가 변화한 것으로 보인다.

비로전은 화엄사상의 정수를 담은 비로자나불을 모신 곳이다. 선종이 강한 사찰에서 주불로 모시는 경우가 많다. 직지사 비로전에는 천불상을 모셨는데 일반적인 대적광전이나 비로전이 비로자나불과 문수·보현보살을 봉안하는 데 비해 일천의 불상을 모시고 비로자나불을 주불로 하는 점도 독특하다. 통상 천불전 주불은 석가모니불이 된다. 천불신앙은 고대 인도에서부터 고구려, 통일신라의 유적에서 보인다. 이곳 직지사는 고려시대에 비로자나불과 천불을 모시는 전통이 있었음을 확인할 수 있는 곳이다.

황악산 직지사

명칭에서도 알 수 있듯이 직지사는 직지인심 견성성불(直指人心 見性成佛)이라는 선종의 가르침을 표방한다. 아도화상이 도리사를 창건한 후 황악산을 가리키며 "산 아래 절을 지을 만한 길상지가 있다"고 한 데서 유래되었다는 말도 있고 고려 초 능여스님이 사찰을 중창할 때 자를 사용하지 않고 손으로 땅을 쟀기 때문에 직지라는 이름을 붙였다고도 한다. 황악산의 황자는 청, 황, 적, 백, 흑의 5색 중에서도 중앙색을 상징하는 글자이다. 그렇기에 예로부터 직지사는 해동의 중심부에 자리 잡고 있는 으뜸 가람이라는 뜻에서 동국제일가람이라고 하였다.

직지사 일주문

아도화상이 창건한 후 선덕여왕이 자장율사를 시켜 사찰로 터를 다졌으며 경순왕 때 천묵대사가 중수하였다. 고려시대 초 능여스님이 태조의 도움을 받아 크게 중창하였는데 조선시대 왜적의 방화로 불타버렸다가 근세에 들어 현재와 같은 규모로 복원하였다.

고려 태조 왕건이 팔공산 동화사 전투에서 크게 패배하여 전세가 불리해지자 신하들이 "근처에 도를 얻은 고승을 만나 적을 이길 방책을 묻는 것이 좋겠다"고 하였다. 이에 태조가 수행자를 물색하던 중 직지사 능여스님을 만나게 되는데 스님은 신통력으로 하룻밤 사이에 짚신 2,000여 켤레를 만들어 보내고, 적이 오해하게끔 큰 신을 만들어 길목에 흩어놓았다. 아울러 적을 이길 만한 시기를 알려주어 전쟁을 승리로 이끌었다. 태조 왕건은 고려를 건국한 후 전토와 재물을 하사하였다고 한다.

직지사 대웅전

직지사 대웅전

대웅전은 사천왕문을 통과하면 만나는 전각으로 직지사의 주불전이다. 넓은 마당 뒤편의 아늑한 전각 좌우에 호위병처럼 탑이 펼쳐져 석가모니 불국토가 느껴지고, 이곳이 절의 중심임을 바로 알게 된다. 현재의 탑은 다른 곳에서 왔다고 한다.

그런데 통상의 사찰이 대웅전에 도착하고 나면 나머지는 이를 보충하는 부속물로 보이는데 이에 반해 직지사는 건물이 계속 이어져 대웅전이 사찰의 목적지로 귀결되지 않고 또 다른 신앙공간의 출발점으로 느껴진다. 그렇지만 예부터 직지사 터가 이곳 대웅전이니 명실상부하게 사찰의 중심이다.

신라시대의 규모는 잘 모르지만 고려 이후 조선 초기까지는 2층 5칸 건물이었다고 한다. 임진왜란 때 소실되었다가 1735년에 중건하여 오늘에 이른다. 중앙에 석가모니불을, 좌우에 약사여래와 아미타불을 봉안한 삼존불 탱화를 갖추었는데 탱화는 영조 20년에 조성하였다고 한다.

비로전

대웅전을 지나면 나오는 비로전은 고려 태조 때 능여조사가 처음 세웠다. 천불상을 모셔서 천불전이라고 한다. 임진왜란 때 병화를 모면한 건물 셋 중 하나로 근년에 개수하였다. 비로전 내 천불상도 같은 시기에 조성하였다.

천불처럼 많은 불상을 만드는 데에는 그 이유가 있다. 과거, 현재, 미래 할 것 없이 항상 많은 부처님이 계신다는 의미에서 삼천불을 만들기도 하고 직지사처럼 현재를 강조하여 천불을 모시기도 한다. 현재 이렇게 많은 부처님이 계시는데 누가 언제 어디서 부르더라도 나타난다는 뜻이다.

비로전 천불상 내부

비로전 내부 옥동자상

비로전 내 천불상에는 전설이 많고 모습 또한 제각각이다. 재료는 경주 특산 옥돌을 사용하였다고 하는데, 진위는 알 수 없다.

천불전 내 비로자나부처님 뒤편에 흰색 입석 동자상이 하나 있다. 참배자가 법당에 들어가 첫눈에 이 동자상을 보면 옥동자를 낳는다는 전설이 있다. 색깔도 흰색이라 많은 금동불상 가운데 단연 눈에 뜨일 법한데, 첫눈에 이 불상을 찾는 이가 별로 없으니 기이한 일이다. 한참 찾으면 비로소 눈에 들어오는데 첫눈이 중요하다. 그래서 인연은 묘하다.

비로전은 아들을 낳으려는 부인네들보다는 시집 안 간 처자들에게 더 유명하다. 장래에 과연 낭군이 있는지, 있다면 어떤 사람인지 확인하는 곳이기 때문이다. 처자가 법당에 들어서서 가장 먼저 시선이 머무는 불상이 장래 배필의 모습이라고 한다.

비로전 앞 측백나무

비로전 앞 측백나무는 수령 500년이 넘는다.

측백나무는 예부터 신선 나무로 알려져 중국에서는 귀하게 대접받았다. 측백나무 잎이나 열매를 먹고 신선이 되었다거나 몇 백 년을 살았다는 이야기가 중국의 사료에는 많다. 적송자라는 사람이 측백나무 씨를 먹고 빠진 이가 새로 났다는 이야기도 있고, 백엽선인이 8년 동안 측백나무 잎과 열매를 먹었더니 신선이 되었다는 이야기도 있다. 진나라 궁녀는 산으로 도망쳐 선인의 가르침대로 소나무와 측백나무 잎만 먹었더니 200년 이상 살았다고 한다.

서울 성북구 방학동 측백나무는 수령 300세가 넘는데, 이 나무의 잎을 삶아 먹으면 아들을 낳는다는 전설로 수난을 당한다. 남아 출산 효능은 모르겠으나 측백나무 씨앗이 자양강장제로 이름이 높음은 확실하다. 이외에도 측백나무는 무덤 속 벌레를 죽이는 힘이 있다. 따라서 측백나무를 묘지 옆에 심으면 좋다고 한다.

최근 들어 가로수와 관상수로 측백나무를 많이 심기는 하지만 수백 년 된 고목은 사찰 등이 아니면 쉽게 찾아볼 수 없다. 직지사 비로전 앞 측백나무가 귀한 이유이다.

제6부

충청도의 명승고찰

진신사리가 방광하는 천진보탑, 계룡산 갑사

갑사의 특징

갑사는 으뜸 갑자를 사용하여 이름이 외자이다. 모든 사찰 중에서 으뜸이라는 뜻이다. 명산 계룡산이라는 배경이나 천진보탑의 전설과 더불어 한국 최초로 불교를 전한 아도화상이 창건했다는 권위가 함께 어우러져 한국의 으뜸 사찰이라고 하기에 부족함이 없어 보인다.

창건 연대는 아도화상이 천진보탑을 참배했다는 420년(백제 구이신왕 원년)이다. 556년(백제 위덕왕 3년)에 혜명대사가 천불전과 진광명전, 대광명전을 중건하였고 통일신라 의상대사가 천여 칸 당우를 중수하여 전국 10대 화엄 사찰의 하나로 크게 번창하였다. 그러나 1597년 정유재란(선조 30년) 때 승병장이던 영규대사가 있던 곳이라 병란으로 많은 전각이 소실되었다. 선조 때 대웅전과 진해당 등 몇

갑사 일주문

몇 전각을 중건하였고, 몇 번의 개보수와 함께 오늘에 이른다.

계룡산

백두대간이 한반도 허리를 질러 서남으로 달려와 그 가쁜 숨을 고르며 머무는 곳이 계룡산이다. 산세가 태극과 같이 휘돌아가고 산 아래로는 물길이 굽이쳐 산태극 수태극을 볼 수 있다는 계룡산이다. 그 터가 예사롭지 않아 신라 때부터 풍수학자들이 한국의 명산으로 꼽았다. 수많은 종교인이 모여드는 현상은 계룡산이 얼마나 영험이 있는지에 대한 방증이며, 나라의 도읍지로 물망에 오르기도 수차례다.

계룡산은 주봉인 천황봉을 비롯해 연천봉, 삼불봉, 관음봉, 형제봉 등 20여 개 봉우리로 이루어졌으며 높이는 845m이다. 전체 능선이 마치 닭 벼슬을 쓴 용의 형상이라 하여 계룡산이다. 정감록에서는 이곳이 큰 변란을 피할 수 있는 십승지 중 한 곳이라 했으며 이러한 도참사상으로 인해 한때 신흥종교 및 유사종교가 성행했다.

천진보탑

계룡산에는 동학사와 갑사가 동쪽과 서쪽에 자리 잡고 있다. 갑사에서 계룡산 정상으로 오르다 보면 신흥사라는 암자를 만나는데 신흥사 뒤편 자연바위가 바로 부처님의 사리가 봉안된 천진보탑이며 바로 갑사 창건의 근거이다.

누가 천진보탑에 사리를 봉안했는지 정확한 사료는 없고 전설만 전한다. 석가모니부처님이 입적하고 400년이 지나 인도를 통일한 아소카왕은 부처님의 법을 널리 펼치고자 큰 서원을 세우고 동서남북을 관장하는 사천왕들로 하여금 부처님의 사리를 마흔여덟 방향에 봉안케 한다. 이때 북쪽을 관장하던 다문천왕(비사문천왕)이 동방의 명산 계룡산의 자연 석벽에 봉안하였다고 한다.

불교의 호법신장인 사천왕이 직접 부처님의 사리를 봉안한 곳이므로 그 신성함을 더한다 하겠다. 고구려 승려 아도화상이 계룡산을 지나는데 산중에서 상서로운 빛이 하늘까지 뻗쳐오르기에 찾아보니 이곳에서 빛이 났다. 이에 천진보탑이라 이름하고 예배 후 탑 아래에 갑사를 창건하였다고 한다.

갑사의 철 당간

갑사는 근세 들어 일주문과 천왕문을 조성하여 넓게 포장된 길을 통해 대웅전으로 들어가는 진입로를 새롭게 조성하였다. 철 당간은 좁은 산길에 있어 왕래가 뜸하지만 철 당간과 대광명전 쪽이 갑사의 옛 흔적을 만나는 길이다.

당간은 사찰 초입에 조성한다. 깃발을 달아 사찰임을 표시하는 당간이 지금까지 남은 경우는 드물고 이를 지탱하는 지주만 남아 당간 지주라 한다.

갑사에는 철로 만든 당간이 아직 남아 있는데 통일신라 때 만든 당간으로는 유일하다. 4면에 구름무늬를 새긴 기단위로 철 당간을 높게 세우고 양 옆에 지주를 세워 지탱하였다. 24개 철통을 연결하였는데, 원래는 28개였으나 고종 30년(1893년)에 벼락을 맞아 4개가 없어졌다고 한다. 통일신라 전기인 문무왕 20년(680년)에 세웠다고 하나 확실한 근거는 없다. 그 양식으로 보아 통일신라 중기의 것으로 추정한다.

갑사 외에 철 당간은 보은 법주사와 안성 청룡사 등에 있다. 돌 당간은 양산 통도사에서 볼 수 있으며 나무 당간은 남아 있지 않다.

사찰 초입의 당간은 사찰 마당에 만드는 궤불당간과는 그 의미가 다르다. 궤불당간은 실용성이 위주인 데 반해 사찰 초입의 당간은 성역을 표시하기 위함이며 이는 속세의 가치와 불교의 가치를 경계 짓는 기준점이다.

부도

당간을 지나 올라가면 옛 금당 터에 이른다. 마당 한가운데에 석재 부도가 눈에 들어온다. 원래 부도는 승려의 사리를 봉안하는 것이라 마당에 조성할 수 없다. 이 부도는 갑사 뒤편 산에 쓰러져 있던 것을 1917년 이곳으로 옮겨 세웠다.

전체적으로 8각 모양인데 3단 기단 위에 탑신을 올리고 지붕돌을 얹었다. 아래 받침돌에는 사자, 구름, 용을 조각하고, 거의 원에 가까운 받침에는 각 귀퉁이마다 꽃 모양으로 장식한 후 그 사이에 주악 천인상을 새겼으며 탑신을 받치는 두툼한 위 받침돌에는 연꽃을 둘러

갑사 대적전과 부도

새겼다. 몸돌 4면에는 자물쇠가 달린 문을 새겼고 다른 4면에는 사천왕입상을 조각하였다. 지붕돌은 기왓골을 표현하는 등 지붕 모양을 정교하게 모방하였다. 보통 신분의 승려였다면 이처럼 정교하고 화려한 부도를 조성할 수가 없었을 테고, 선종 종조들의 부도양식으로 보아 당대 고승으로 추정된다.

대적전

갑사의 옛 터에 있는 금당 명칭은 대적전이다. 대적광전이라고도 한다. 대적전은 비로자나불을 중심으로 삼신불을 모시는 법당인데 현재는 석가모니불과 문수보살, 보현보살을 봉안하여 명칭과 어울리지 않는 구조가 되어버렸다. 대적전을 통해 갑사가 화엄사상을 근거로 하는 사찰임을 알 수 있으며 화엄 10찰 중 하나였음을 확인할 수 있다.

대적전은 앞면 3칸, 옆면 3칸이며 지붕은 옆면이 여덟 팔자 모양으로 화려한 팔작지붕이다. 처마를 받치는 공포가 기둥 위와 사이에도 있는 다포식 건물로서 가운데 칸은 공포가 2개이고 양쪽 끝은 1개이다.

대웅전

대웅전은 원래 대적전에 있었는데 대적전을 다시 짓고 대적전 건물이 이곳으로 옮겨와 대웅전이 되었다.

높은 석축기단 위에 장엄하게 올라가 있어 마당에 들어선 사람을 압도하는 장중한 느낌이 난다. 정면 5칸, 측면 4칸으로 규모가 크지만 옆면은 사람 인(人)자 모양의 맞배지붕이라 단출한 느낌이 든다. 다포양식으로, 가운데 3칸은 기둥 간격을 양 끝보다 넓게 잡아 가운데는 공포를 2개씩, 끝에는 1개씩 배치하였다. 내부는 우물천장으로 되어 있고, 불단을 만들어 석가여래불상을 모셨다. 그 위에는 화려한 닫집을 설치하였다.

내부는 석가모니불과 약사불, 아미타불을 모신 3존불로 구성하였다. 주불인 석가모니불의 좌우보처로 문수보살과 보현보살을 협시하였으며 별도의 후불탱화를 갖추었다. 약사불과 아미타불은 협시보살 없는 1존불이지만 각각 후불탱화를 갖추어 위엄을 드높인다. 3존불 모두 양쪽 어깨를 덮는 통견을 취하여 자비를 베푸는 모습을 상징한다.

갑사 대웅전

대웅전 내부

대웅전 뒤 산정상의 천진보탑과 연결하여 생각하니 천진보탑의 석가세존이 이곳에 현신한 듯한 느낌이 들 정도로 장엄하다.

삼재가 들지 않는 명당에 자리 잡은 절, 공주 마곡사

마곡사 사찰의 특징

창건 당시부터 당대 고승이 많이 머물렀다는 사실에서 보더라도 그 터가 범상치 않다. 선종의 개창조 스님들이 머물렀다는 것은 선수행터로도 명당이라는 말이다.

대광보전 불상이 탑과 같은 시기의 양식으로 전하는데 비로자나불을 주불로 모신 사찰로 짐작된다. 비로자나불은 화엄사상을 근간으로 선종에서 많이 봉안하는 주불이므로 마곡사가 선수행이 중심이 된 사찰임을 알 수 있다. 대광보전의 주불이 동쪽을 향하여 좌정한 것은 특이한 배치구조이지만 이는 신앙적 요인보다는 내부공간을 실용적으로 사용하려는 선수행의 경향성에 근거한다.

마곡사 탑과 대광보전

대광보전이 불탄 후 조선시대에 새로이 대웅전을 2층 높이로 장엄하게 조성하는데, 이를 계기로 고려 때 대광보전을 중심으로 하던 선종사찰의 가람배치가 석가모니불을 중심으로 하는 구조로 변화한다. 대웅전은 대광보전보다 훨씬 높은 단위에 조성하였고 건축물 전체 규모는 사찰의 중심 신앙처가 되기에 충분하다. 현재의 대광보전은 대웅전 건립하고 160년이 지나(1813년) 새로 복원하여 오늘에 이른다. 따라서 현재의 마곡사는 대웅전을 중심으로 해서 자력완성 수행을 강조하는 신앙구조와 화엄사상 · 선수행의 표상인 대광보전이 통합적으로 어우러진 구조이다.

대웅보전이 앞으로 오고 대광보전이 뒤로 갔으면 정형적인 가람배치였을 텐데, 소실된 곳에 대웅전을 만들고 다시 대광보전을 복원하다 보니 불가피하게 그리 되었으나 이 또한 마곡사만의 특징이다. 그러나 대웅전 뒤편에 터를 다듬어 대웅전보다 높고 크게 대광보전을 조성한다면 마곡사의 신앙과 가람배치가 어울릴 것 같은 생각이 든다.

명승지에 창건된 마곡사

마곡사 사적입안에 의하면 640년 신라시대 자장율사가 창건하였다고도 하고 8세기경 신라시대 보조 체징선사가 창건하였다고도 한다. 체징선사는 도의선사의 제자로 당시 신라의 9개 선종 중 가지산문의 개창조로 알려졌다. 창건 당시부터 예사롭지 않은 인물이 터를 잡은 마곡사는 창건 후에도 사굴산문의 범일국사와 풍수의 대가인 도선국사, 선종의 중흥조인 보조국사 지눌에 이르기까지 통일신라 때부터 수많은 고승이 머물렀던 아주 중요한 사찰이다.

마곡사가 제대로 사격을 갖추기는 고려 때일 것이다. 대광보전 본존불이 고려시대 양식이고 대광보전 앞 5층탑이 라마교의 영향을 받은 고려시대 탑임을 살펴볼 때 창건 이후 고려시대에 융성했을 것으로 짐작한다.

고려 명종 때 불일 보조스님은 폐찰을 중건하라는 왕명을 받고 다니다가 이 자리에 와서 명당이라고 하였다. "천만 년 오래도록 절이 들어앉아 있을 큰 터이며 삼재가 들지 못하는 곳"이라는 말도 있고, "유구와 마곡 두 냇가 사이는 천 사람의 목숨을 살릴 만한 곳"이라는 말도 있었다.

조선시대 세조가 왔다가 영산전이라는 어필현판을 내리고 잡역 부담을 면제하였다고 전하는데 임진왜란, 병자호란 등으로 문서와 사찰 소유 땅마저 없어지는 등 쇠락했다가 정조대왕(1778년) 때 왕실의 태실로 봉하면서 사세가 커졌다. 지금 남은 건물은 이때 모두 중건하였다고 한다.

마곡사라는 명칭에는 몇 가지 설이 있다. 보철화상이라는 분이 법을 얻어오자 사람들이 삼(麻)처럼 많이 모여들었기 때문이라는 설과 사방에서 이 절로 법을 물으러 오거나 아름다운 경치 때문에 즐기러 오는 사람이 많아 골짜기를 가득 메웠는데 그 모습이 마치 삼이 서 있는 것 같아서 마곡이라 하였다는 설이 전한다.

충남에서는 "춘 마곡 추 갑사"라는 말이 있을 정도로 그 경치가 빼어난데, 단풍나무가 많은 마곡사 남측 경내는 붉게 물들어 하늘을 가리는 가을단풍이 '추 갑사'에 버금간다.

대광보전

마당의 탑 뒤편에 보이는 건축물로서, 비로자나불을 모셨다. 불상은 왼손 엄지를 오른손으로 감싼 모습인데 바로 비로자나불의 증표이다. 비로자나불은 법신불이라 하여 화엄사상이 활성화될 때 많이 조성하였는데, 이를 통해 마곡사 역시 화엄사상이 중심임을 알 수 있다. 다만 남향인 건축물 내의 서편에 배치하여 동쪽을 향하는 불상은 아미타불인 경우가 많은데, 마곡사 대광보전에는 아미타불처럼 동쪽을 바라보고 있는 비로자나불이다.

대광보전 내 비로자나불

마곡사 탑

고려시대 양식으로 듬직한 느낌이 드는 5층탑이다. 탑의 면에는 보살과 부처님을 조각하였다. 상륜부를 중국 원나라 라마식으로 구성한 점이 특징이다. 상륜부는 당시 원나라에서 유행하던 형태인데 이렇게 상륜부만 별도로 가져와 올리는 데 그 비용이 엄청났을 터이니, 당시로서는 최고급 장식인 셈이다. 이로 인해 전통과는 약간 이질감이 느껴지기도 하지만 당시에는 그야말로 경이로운 탑이었을 것이다.

마곡사 5층탑

대웅보전

대웅보전은 석가모니불을 모신 법당인데 석가모니불과 약사여래불, 아미타불을 모셨다. 이처럼 본존불이 석가모니불일 때 양쪽에 배치한 불상이 보살상이 아니라 부처님일 경우 격을 높여 대웅보전이라고 한다.

마곡사처럼 대웅전 건물을 중층으로 짓는 경우 또한 흔치 않은데 이로 인해 석가모니불의 위엄이 한층 높아진 듯하다. 밖에서 볼 때는 2층인데 실내는 통층이다. 대광보전보다 높은 단위에 조성하였으나 대광보전에 가려 그 위용이 정면에서는 완전히 보이지 않아 아쉽다. 그러나 대광보전을 지나서 올라가면 전체적인 위용이 느껴진다.

내부로 들어가면 반질반질한 기둥이 주의를 끄는데 지옥에 가면 염라대왕이 마곡사 대웅전 싸리나무 기둥을 몇 바퀴 돌고 왔는지 물어본다는 전설이 있어 예부터 마곡사를 찾는 사람은 반드시 몇 바퀴씩 돌고 갔다고 하며 그 손때가 묻어 이렇게 윤이 나게 되었다. 최근에도 입소문이 퍼져 참배객들이 차례를 기다리며 기둥을 돌고 가는지라 법당보살은 사람들 관리에 바쁘다.

대웅전 기둥은 싸리나무로 만들었다고 알려져 있다. 싸리나무가 이 정도로 자랐다면 대단한 신물이겠으나 산림청 국립산림과학원이 현

마곡사 대웅보전

미경으로 분석해보니 소나무였다. 싸리나무로 전해진 것은 사찰에서 사리구를 담을 때 사용한 나무가 대부분 느티나무나 소나무 등이었는데 사리구를 담았다고 해서 사리(싸리)나무라고 부르지 않았겠는가 짐작해 보기도 한다.

한편 "싸리말을 태운다"는 말이 있는데 천연두에 걸린 후 12일째 싸리말에 천연두 귀신을 태워서 보내면 낫는다는 말이 민간에 전한다. 그래서 싸리나무가 영험이 있으니 절의 나무 중 신물은 모두 싸리나무로 구전되는지도 모르겠다.

어쨌든 이 전설의 핵심은, 염라대왕이 귀한 싸리나무 기둥을 돌지 않음을 문책하는 게 아니라 10승지 중 하나인 마곡사까지 와서 경치만 즐기고 불전에도 들어가지 않음을 문책하고 있다는 점을 지적하고 싶다.

십승지

십승지란 정감록에 나오는 이야기로서 나라에 전란이 있을 때 이를 피할 수 있다고 전해지는 지역이다. 정감록은 조선조 중엽 이후 민간에 널리 퍼진 예언서로서 십승지를 지적하는 내용이 들어 있다. 보은 속리산 증항 근처, 안동의 화산, 남원 운봉의 동점촌, 전북 부안의 호암, 무주 덕유산의 무풍, 강원도 영월 동강 상류, 경북 예천, 충남 공주 유구와 마곡 사이의 갈라지는 곳, 합천의 가야산 만수동, 소백산 아래 풍기의 차암 금계촌 등으로 추정하는데 이 가운데 하나가 바로 마곡사인 셈이다.

한국에서 가장 큰 미륵부처님이 계신 곳, 보은 법주사

법주사의 특징

법주사 철당간

법주사는 한국 법상종의 대표사찰로 일컬어진다. 법상종은 미륵불을 주불로 모시는 종파이다. 백제의 미륵신앙은 미륵하생 신앙구조로 입석불과 야외불이라는 조형양식의 특징이 있다.

백제가 멸망한 후 통일신라기에 금산사를 창건한 진표율사가 한반도 가운데 지점에 거대 입상을 조성했다는 것은 곧 백제미륵신앙의 국토적 확장을 상징한다. 백제미륵신앙은 보통 3존불로 조성하는데 법주사 미륵불은 1존불이다. 금산사와 법주사를 이어 다시 금강산 발연사에 미륵신앙을 확대한 것을 보면 법주사는 금산사, 발연사와 불가분의 관계이고, 한국 미륵 3성지 중 한 곳이다. 이는 전주, 보은과 금강산을 잇는 미륵국토의 확장을 상징하고 백제미륵신앙의 지역적 확대를 확인하는 것이기도 하다.

백제 멸망 후 통일신라의 불교신앙은 화엄사상이 주도하였는데 주불로 아미타불이나 비로자나불을 모시고 보처보살로 관세음보살과 지장보살상을 조성하였다. 반면 백제계의 전통을 잇는 미륵신앙은 입상 미륵불상을 조성하고 미륵하생의 신앙세계를 구성하였다. 대부분의 백제계 미륵신앙이 마을로 들어가 마을 신앙으로 그 내연을 확대하였지만 법주사 미륵신앙은 대규모 사찰에서 백제계 미륵신앙을 수용한 경우로 그 의미가 크다.

연꽃잔을 이고 있는 석조상

이렇듯 미륵불을 중심 신앙구조로 갖던 법주사가 화엄사상의 도입과 더불어 대웅보전을 주 신앙구조로 갖는 사찰로 변화하여 현재에 이르는데 대웅보전을 중심으로 천왕문과 일주문으로 이어지는 구성이 이에 해당한다.

임진왜란으로 모든 건물이 불타면서 이전의 신앙구조가 흔들렸고 새로이 조성한 사찰은 화엄사상을 근거로 건축물을 조성하면서 대웅보전을 중심으로 관음전까지 연결되는 화엄사찰로 변화하였다.

연꽃 모양의 돌로 만든 수조

최근세에 이르러 새로이 미륵불을 조성한 것은 원래 이 사찰의 배경이 미륵불 중심신앙이었음을 확인하고 본래의 신앙체계를 회복하려는 노력 때문이다. 그러므로 현재의 법주사는 미륵하생사상과 화엄사상이 혼합된 신앙구조이다.

법주사의 창건

법주사는 통일신라 진표율사의 제자 영심스님이 창건하였다.

진표율사는 통일신라시대 사람으로 전주 금산에서 천일기도 끝에 미륵보살을 친견하고 경전과 사리 189개를 받았다. 이에 금산사를 창건하고 법상종을 열었는데 법을 펼치기 위해 금강산으로 가던 중 이곳에서 길상초가 핀 곳을 점지해두고 금강산으로 가서 발연사를 창건하였다.

진표율사가 7년간 금강산 발연사 수행을 마치고 금산으로 돌아왔

법주사 미륵불과 팔상전

을 때 속리산에서 수행하던 영심과 융종, 불타 세 사람이 찾아와 스님께 법을 전수받는데, 진표는 영심스님께 미륵보살로부터 받은 증표를 주면서 "속리산으로 들어가라. 그 산에 길상초가 난 곳이 있으니 그곳에 정사를 세우고 세상을 구하라."라고 하였다. 이에 영심스님이 속리산에 들어가 길상사라는 절을 창건하였는데, 바로 법주사 전신으로 추정하는 사찰이다.

고려시대 때는 속리사로 불리고 김부식이 왕명으로 점찰법회 소문을 지었다. 충렬왕 때는 왕이 행차하였으며 공민왕은 통도사에 사신을 보내 부처님 사리 1과를 법주사에 봉안하도록 하였다. 조선시대에는 세조가 법주사를 방문하여 소나무에게 정이품의 품계를 내린 이야기가 전해온다.

조선중기 임진왜란으로 전각이 소실되었는데 임란 후 사명대사가 팔상전을 중건하였다. 고종 때는 지금의 미륵대불 터에 있던 2층 용화보전을 헐어버린 후 1939년 미륵불 조성불사로 미륵상 80척을 조성하기 시작하였는데 박정희 대통령이 희사하여 1964년 완공하였다. 1990년에 청동미륵상을 새로 조성하면서 아래에 용화전을 마련하여 오늘날에 이른다.

금동미륵대불

법주사의 상징은 바로 이 금동미륵대불이다. 원래 이 자리에는 신라 혜공왕 12년(776년)에 진표율사가 조성한 금동미륵대불이 있었으나 1872년 대원군이 당백전 화폐를 주조하기 위해 불상을 몰수하면서 비게 되었다. 그러다가 1964년에 시멘트 대불을 세웠고, 1990년에 높이33m의 청동대불을 모셨다. 이후 청동미륵대불 겉면에 검푸른 녹이 발생하자 불상에 금옷을 입히기로 하고 순금 80kg을 투입하여

2002년 6월 7일 금동미륵대불 개금불사를 완료하였다.

미륵상은 서 있는 모습으로 만드는데, 그것은 미륵이 현재의 국토를 다스리는 교주가 아니기 때문이다. 현재의 교주는 석가모니불로서 전각에 들어가 앉아 있게 되지만 미륵은 미래에 도래할 교주이기 때문에 서서 걸어오는 모습을 상징화한다. 이렇듯 전각에 들어가지 못하고 서 있는 불상을 만들려 하니 가장 좋은 재료로 선택된 것이 석재였다. 석재 불상은 별도의 치장을 할 필요가 없는 것으로 정형화되어 왔다.

그러나 미륵불이 주불신앙인 대가람에서는 입상이라도 전각 내에 보존하는 경우가 있고 불상 위에 개금을 하는 경우도 있는데 바로 금산사의 경우이다.

법주사 미륵대불은 야외에 조성한 거대 불상이다. 야외불은 햇빛과 비바람, 강설 등을 견뎌야 한다. 이런 재료로 선정된 청동이지만 녹이 슬면 푸른빛이 돈다. 그러나 푸른색은 부처님의 몸 색이 아니다. 부처님의 색은 붉은 노란색이어야 하는데 그게 바로 금이다. 민간에서 조성하는 미륵불이 석불인 데 비해 사찰 내 미륵불이 금동인 것은 이렇듯 재료선택과 관리의 차이에서 비롯된다.

대웅보전

이 건축물은 고려 중기에 처음 세웠다. 원래는 미륵장육상을 모신 용화보전이 있어 미륵불을 주불로 하는 법상종이 융성하였고 사중의 중심도량이었다. 그 후 1624년 중건하면서 비로자나불과 석가여래, 노사나불을 삼신불상으로 봉안하였다. 건물 내에는 굉장히 거대한 불상을 조성하였으며 별도의 보처보살은 조성하지 않았다.

비로자나불을 모셔 대적광전이나 비로전이라고 해야 할 것 같은데 대웅보전이라 하여 석가모니불의 국토임을 표현하였다. 석가모니부처님이 가르치신 진리의 모습을 상징적으로 표현해 법(진리)의 모습을 비로자나불로 형상화한 것이다. 석가모니부처님의 본질은 진리를 가르친다는 데 있고, 진리 때문에 석가모니불이 의미가 있다. 따라서 석가모니불의 본질(진리)을 형상화하면 비로자나불이 된다. 그러므로 비로자나불은 석가모니불의 또 다른 측면이다.

한편 노사나불은 석가모니부처님이 부처가 되기 전 전생에서부터 수많은 수행과 노력을 거듭해 부처를 이룰 인연을 만들어왔는데 그 인연의 과보로 드디어 부처를 이루었으니 불의 종자를 만든 인연으로 부처의 과보를 받게 되었다는 것을 의미한다. 이 또한 석가모니불이 최초로 성불하였던 것을 의미하므로 석가모니불의 다른 측면이다.

화엄사찰들은 이렇듯 삼신불 신앙체계를 조성하는데, 인연을 지어 부처를 이루고(보신-노사나불), 본 모습은 고정된 형상으로 영원한 것이 아무것도 없으며(법신-비로자나불), 현재에 모습을 나타낸(화신-석가모니불) 삼신불을 표현한다. 이런 진리를 전해준 분이 바로 석가모니불이다. 그러므로 세 분의 부처라도 곧 석가모니불 한 분을 말하고 석가모니불을 다른 측면에서 각각 형상화한 것이다. 그렇기에 석가모니불을 모셨다고 할 수도 있고 비로자나불을 모셨다고 할 수도 있다.

화엄사상을 강조할 때에는 비로전, 또는 대적광전으로 불렸을 텐데 현세의 교주를 강조하다 보니 대웅전 또는 대웅보전으로 불리게 된 것 같다.

쌍사자 석등

석등은 전각 앞에서 어둠을 밝히는 용도로 조성하다가 전기가 보급되면서 실용성보다는 무명을 밝히는 상징물이 되었다. 법주사 쌍사자 석등은 석등을 받치는 기둥이 사자 두 마리로 조성되어 있다.

불교에서 사자는 지혜를 상징한다. 석가모니불의 보처보살인 문수보살은 지혜의 보살인데 이 문수보살이 타는 동물이 바로 사자다. 법주사 금강문을 보면 금강역사상 옆에 사자를 탄 인물이 있는데 바로 지혜를 상징하는 문수동자이다.

법주사 대웅보전 앞 쌍사자 석등

지혜를 다해 석등을 떠받쳐야 하는 것은 바로 석등에 있는 불(촛불)이 부처님의 몸을 상징하는 색깔이기 때문이다. 쌍사자 석등은 지혜를 기둥으로 하여 부처님의 진리를 사방에 펼쳐 자비광명을 비춘다는 의미이다. 사자 한 마리는 입을 열어 "아"라는 범어의 첫 글자를 상징하고 또 한 마리는 입을 다물어 "훔"이라는 범어의 끝 글자를 상징하니 두 마리가 합쳐져 완성을 뜻하는 "옴"이 된다. 입을 다물고 열어 완성을 뜻하므로 두 마리 사자는 진리를 완성한다는 의미이다.

원통보전

원통보전이란 관세음보살이 원통의 진리를 회통하였다 하여 붙은 관음전의 다른 이름이다.

법주사 원통보전은 임진왜란으로 법주사 건물이 모두 불탄 후 인조 2년(1624)에 벽암스님이 다시 지을 때 조성하였다고 추정한다. 여러 차례 수리하여 오늘에 이르는데, 보물 제916호이다. 원통보전은 앞면 3칸 · 옆면 3칸 규모의 정사각형 1층 건물로, 지붕은 중앙에서 4면으로 똑같이 경사가 진 사모지붕이며 주심포 양식으로 꾸몄다. 미륵신앙 구조와 구별되는 별도의 신앙구성을 이루는데, 대웅보전 쪽 신앙구조에 맞추어 조성하였다.

법주사 관음전 내

주불은 관세음보살로써 2.8m 크기이다. 목조로 만들었으나 금색신을 갖추었다. 머리에는 화관(花冠)을 썼고, 가슴부터 날리는 모양의 천의가 생동감 있다. 설법인을 취하고 좌정한 모습이다. 좌측에는 해동용왕을, 우측에는 남순동자를 조성하였다.

팔상전

팔상전은 1626년에 사명대사가 창건하였다고 한다. 내벽 사방에 면마다 2개씩 불화 8개가 있는데 이는 바로 석가모니부처님의 일대기를 그린 것이다. 이렇게 석가모니부처님 일대기를 8개로 나누어 봉안한 전각을 팔상전이라 한다. 법주사 팔상전은 정사각형 돌로 만든 받침 위에 목재로 5층을 지어 올렸다. 법당 가운데 기둥에 불상이 있고 팔상도를 모신 공간이 있어 사방에서 가운데를 보면서 예배를 드리게 되어 있다.

가운데 큰 기둥 때문에 내부공간을 활용하기는 어렵지만 이 기둥은 지붕의 최상륜부에 닿는다. 건물 최상단은 금속(철)으로 탑의 상륜부처럼 만들어놓았는데, 목재 건물 위에 탑의 상륜부가 있어 목탑이라 불리기도 하고 전각이라 불리기도 하는 건축물이다.

법주사 팔상전

팔상전에 모신 부처님 일대기는 ①도솔천에서 내려오는 장면 ②룸비니에서 탄생하는 장면 ③궁전 성문 4곳을 돌아보는 장면 ④야밤에 출가하는 장면 ⑤히말라야에서 수도하는 장면 ⑥성불하는 장면 ⑦진리를 전하는 장면 ⑧길에서 열반하는 장면이다. 8개 그림으로 석가모니부처님이 어떠한 생을 살았는지 이해할 수 있다.

법주사 팔상전은 팔상도 때문이 아니라 목재건축물이면서도 탑의 형상이라 유명하다. 그러나 우리나라 사찰에서 팔상도를 이렇듯 장엄한 곳에 모신 예가 없다는 점에서 법주사 팔상도의 의미는 더 중요하다.

관음보살이 수덕각시로 현신하여 공양주를 했던 곳, 예산 수덕사

수덕사의 특징

백제가 창건한 석가모니불 주불 사찰로, 백제 법화신앙의 흔적을 찾아볼 수 있는 곳이다. 주불전인 대웅전이 국보로 지정되었다. 수려한 백제계 목조건축물의 자태를 만나는 것은 물론이며 대웅전에서 내려다보는 풍경은 산지가람의 특색을 잘 느끼게 해준다. 덕숭산을 비롯하여 수덕이라는 명칭에서 자력 수행을 중요시하는 전통이 짐작되고, 타력 완성을 위한 기도처로 수덕각시 전설을 통한 관세음 기도처를 함께 조성해 충남지역 관음기도처로도 중요하다. 수덕사의 여승이란 가요로 인해 비구니 수행도량으로 오인받기도 하지만 비구(남성) 도량이다. 충남 서해지역을 관장하는 본사로서, 일제강점기 만공스님을 위시하여 전 조계종 총무원장 법장스님에 이르기까지 많은 고승을 배출했다.

수덕사의 여승

「수덕사의 여승」이라는 유명한 노래가 있다. 그러나 정작 수덕사에는 여승이 아니라 남자 승려들이 생활한다. 여승(비구니)은 견성암이라는 별도의 암자에서 수행한다. 비구와 비구니의 생활공간은 엄격히 구별한다.

수덕사 대웅전이 여승과 같은 청초한 맛을 주기 때문인지 아니면 여성적 느낌인 관세음보살의 영험 설화가 잘 알려진 때문인지 수덕사라고 하면 여승에 대한 상념이 먼저 떠오르는 것은 아마도 「수덕사의 여승」이라는 대중가요 때문일 것이다.

수덕사의 여승

노래 송춘희, 작사 김문응, 작곡 한동훈

인적 없는 수덕사의 밤은 깊은데
흐느끼는 여승의 외로운 그림자
속세에 두고 온 님 잊을 길 없어
법당에 촛불 켜고 홀로 울 적에
아~ 아~ 수덕사의 쇠북이 운다.

산길 백 리 수덕사에 밤은 깊은데
염불하는 여승의 외로운 그림자
속세에 맺은 사랑 잊을 길 없어
법당에 촛불 켜고 홀로 울 적에
아~ 아~ 수덕사의 쇠북이 운다.

2000년 가을, 수덕사 근처에서 송춘희 여사 노래비 제막식을 하였다. 그런데 제막식이 끝나고 2~3일 후 정혜사 선방 수좌들이 비석을 넘어뜨리는 사건이 발생하였다. 노래가사가 문제였다. 1966년 발표할 당시 방송 가요프로그램에서 수차례 1위를 거머쥘 정도로 유명한 노래의 애절한 가사는 뭇사람들에게는 인기를 얻었을지언정 출가 수행자들은 받아들일 수 없는 내용이었다. 수행자를 속세의 고통에서 도피한 모습으로 묘사하고, 과거의 애정에 눈물짓는 나약한 여성으로 그린다는 점에서, 일생을 걸고 용맹정진하는 수행자는 모욕감을 느꼈던 것이다.

하지만 60년대 한국여성들이 이 노래에서 공감을 얻고 애환을 녹여왔다면 수덕사 여승은 바로 60년대 한국여성을 상징하는 자화상이었을 것이다. 수덕사에는 여승이 없지만 깊은 산으로 들어가 세속 인연을 모두 끊고 출가한 모습을 허구로라도 만들어 자신을 동일시하고자 했던 당시 여성들의 회한이 느껴진다.

수덕사의 창건

삼국유사에 의하면 덕숭산 아래 수덕사는 백제 때부터 수덕사로 불렸다. 말 그대로 덕을 닦는 사찰이고 덕을 숭상하는 산에 있다. 수덕사에서 닦는 덕이 무엇인지는 대웅전 마당에서 아래를 내려다보면 안다. 부석사 무량수전에서 보는 것처럼 무한히 뻗은 산줄기가 한눈에 펼쳐지는데 실로 기막힌 전경이다. 신라 부석사에서 이를 화엄·극락이라고 표현했다면 수덕사에서는 덕이라고 표현했다. 이렇듯 수덕사는 불교적 덕을 기르는 곳이다.

대웅전에서 바라본 전경

삼국유사에는 수덕사 등 12개 백제 사찰의 명칭이 나온다. 고대 수덕사에 관해서는 고승 혜현스님이 법화경을 지송하고 삼론을 강연했다는 기록과, 백제 무왕이 대웅전을 창건하고 담징이 벽화를 그렸다는 기록이 있다. 의자왕 때 승제법사가 법화경을 강론했다는 기록이 있는 것으로 미루어보아 수덕사는 백제 때 창건하였으며 담징을 통해 일본에까지 알려진 사찰임을 알 수 있다.

현재의 대웅전은 고려시대의 건물이고, 조선시대 『신증동국여지승람』에 취적루, 불운루가 있다는 기록이 나온다.

창건 당시부터 주불은 석가모니불이었다고 전하는데 당시 모습을 알 수는 없지만 고려시대에 만들어 지금까지 전해오는 대웅전이 수덕사의 신앙 특징을 잘 나타낸다. 백제의 주 신앙 대상은 미륵불인데 석가모니불이 주불인 수덕사가 백제 때 창건되었다니, 의외로 느껴진다. 하지만 수덕사는 법화경 사상에서 출발하여 영취산 아래에서 법화경을 설하는 영산회상의 석가모니불을 주불로 모시고 법화계통의 신앙체계를 갖추었을 것이다.

수덕사 대웅전

수덕사의 백미는 대웅전이다. 주심포양식이며 고대 건축물

수덕사 대웅전

의 특징이 잘 드러난다. 백제미학의 정수를 보여주는 목재건축물로, 주위 산세와 조화를 이루며 그 단정한 품새는 백제불교의 신앙세계를 완성도 높게 보여준다. 1308년(충렬왕 3년)에 지었으며 현재 국보 제49호이다. 한국에 현존하는 모든 사찰의 대웅전 가운데 가장 정형적인 신앙 의미를 구현하는 곳으로 그 특징이 있다.

먼저 건축물을 살펴보면 정면 3칸, 측면 4칸짜리로 크지도 작지도 않다. 기둥 위에만 공포가 올라가는 정형적인 주심포양식 맞배지붕이다. 단정하게 정제된 장대석 축대 위에서 대웅전은 법왕의 권위를 잃지 않는다. 뒷산 높이에 맞춰 건물을 올렸기에 마치 뒷산이 병풍처럼 대웅전을 둘러싼 듯하다.

대웅전 측면

다음으로, 출입문을 유의 깊게 살펴야 한다. 밀어야 열리는 문 즉, 들어오는 수행자가 스스로 밀어야 열리는 문이다. 이는 수행자의 자력완성을 강조하는 뜻이다. 석가모니부처님은 자신을 일컬어 성불로 인도하는 길잡이요 안내자일 뿐이라고 하였다. 성불은 수행자 스스로의 몫이라고 강조하였다. 이 문 또한 스스로 수행하여 들어오라고 한다. 반대로 부석사 무량수전은 밖으로 당기는 문 즉, 안에서 부처님이 밀어 열어주는 문이다. 무량수전은 극락 아미타불이 중생을 위해 법의 세계로 들어오게끔 열어주는 문이고, 수덕사는 수행자 스스로 노력해서 법의 세계로 들어가는 문이다.

대웅전은 석가모니불을 중심으로 우보처에는 아미타불을, 좌보처는 약사여래불을 봉안하여 3존불 신앙을 표현하엿다. 좌우 보처불과 구별하여 석가모니불은 조금 단을 높여 주불임을 표현하였다. 왼손은 무릎 위에 두고 오른손은 무릎 아래로 내려 땅을 가리키는 촉지수인이라 석가모니불임을 바로 알 수 있다. 옷은 양 어깨를 다 덮는 통견 형식을 취하였다.

한쪽 어깨를 드러내는 우견편단은 법을 설하는 모습이고, 통견은 중생을 위해 자비를 베푸는 모습이다. 부처님 당시 제자들이 부처님께 법을 청할 때 오른쪽 어깨를 드러내는 예를 취하였는데 이로 인해 우견편단은 법을 설하는 모습으로 해석한다. 이에 반해 양쪽 어깨를 다 덮은 모습은 중생을 위해 자비를 베푸는 모습이라고 해석한다.

약사불과 아미타불 또한 머리 모양, 얼굴 형태와 귀 · 눈 · 입 · 코의 표현, 양손과 옷주름 선의 사실적 묘사 등이 본존불과 동일한 양식을 보여준다. 우보처 아미타불은 구품수인 중 하품중생인, 즉 법을 설하는 수인을 취하였고, 좌보처 약사불은 약그릇을 들었다. 약사불 좌측은 지혜를 상징하는 문수보살이고, 아미타불 우측은 실천을 상징하는 보현보살이다.

관음바위 전설

대웅전 서쪽 백련당 뒤편에 관세음보살이 현신하였다는 바위가 있다.

때는 통일신라기, 가람이 퇴락해 중창불사를 해야 하는데 젊은 여인 하나가 불사를 돕기 위해 공양주를 하겠다고 나섰다. 여인은 미모가 빼어나 수덕각시라는 별칭이 생겼는데, 그 미모를 보기 위해 수많은 사람이 몰려들어 구경인파가 연일 인산인해를 이루었다. 그러던 중, 신라의 재상 아들인 정혜라는 사람이 청혼을 하는지라 여인은 불사가 원만히 성사되면 혼인하겠다고 약조하였다. 이에 정혜가 가산을 보태 10년 걸릴 불사를 3년 만에 끝내고 낙성식을 하게 되었다.

낙성식 후 정혜가 수덕각시에게 같이 떠나자고 하자 각시는 옷을 갈아입겠다며 방에 들어가서는 기척이 없었다. 정혜가 문을 열어보니 각시가 급히 다른 방으로 사라지려고 하였다. 이에 정혜가 각시를 잡으려 하자 옆에 있던 바위가 갈라지면서 각시는 버선 한 짝만 남긴 채 바위 속으로 들어가고 말았다.

그 후 바위가 갈라진 틈에서는 봄이면 버선 모양의 버선꽃이 피는데 바로 관세음보살의 화현이라고 한다. 이에 각시의 이름을 따 수덕사라고 하게 되었다 한다. 관세음보살이 현신한 이곳에서 기도하면 소원이 성취된다고 사람들이 몰려들어 최근 관음상을 봉안하였다.

수덕사 관음바위

제7부

경기·강원도의 명승고찰

세조의 해원 상생을 기리는 조선왕실의 원찰, 광릉 봉선사

봉선사의 특징과 의미

광릉 봉선사는 고려 광종 때 탄문스님이 창건하였으며 운악사라는 작은 사찰이었는데, 조선시대 들어 예종 때 세조의 위업을 기리고 능침을 보호하고자 "선왕의 능을 받들어 모신다"는 뜻으로 봉선으로 개명하였다. 광릉을 관리하고 보호하는 왕실 원찰이었다는 의미이다. 명종 때 문정왕후는 유림의 반대를 무릅쓰고 불교 중흥정책을

봉선사 요사채 전경

도모하였는데 봉선사로 하여금 전국 교종을 관장하게 하였고 강남 봉은사로 하여금 선종을 관장하게 하였다. 이곳은 문정왕후의 불교중흥을 주도한 보우대사가 주석했던 곳이기도 하다.

창건주 탄문스님은 도선국사의 제자인데 도선국사가 선종의 큰스님임은 잘 알려진 사실이므로 창건 초기부터 선종의 성격이 강한 사찰이었다. 예종 1년(1469년)에 중건하였지만 임진왜란과 병자호란으로 소실되어 1637년 계민선사가 중창하였다. 그러나 1950년 6 · 25전쟁으로 다시 150칸이 전소되었다.

능침원찰의 흔적은 당시 조성한 범종과 어실각이다. 범종을 조성한 이유는 범종에 지옥을 포함한 사후세계 중생을 제도한다는 의미가 담겨 있기 때문이다. 현재 지장전 자리가 어실각이었는데 세조의 비 정휘왕후의 위패를 모시고 제사를 올리는 공간이 능침사찰의 특징을 보여준다. 대웅전 좌측의 관음전은 최근 조성하였는데, 관세음보살 1불을 모셨다.

광릉

봉선사 인근에 있는 세조대왕과 정희왕후의 능이다.

왕릉은 크게 세 종류로 구분하는데, 왕과 왕비의 무덤을 능이라 하고, 왕세자와 왕세자비, 그리고 왕의 사친(私親, 종실로서 임금의 자리에 오른 임금의 생가 어버이)의 무덤을 원이라 하며, 나머지 왕족, 즉 왕의 정궁의 자식인 대군과 공주, 왕의 서자와 서녀인 군과 옹주, 왕의 첩인 후궁, 귀인의 무덤을 묘라 일컫는다.

광릉은 다른 왕릉에 비해 간소하다. 세조는 "내가 죽으면 속히 썩어야 하니 석실과 석곽을 사용하지 말고 병풍석을 세우지 말라."는 유언을 하였다.

세조

세조는 세종과 소헌왕후 사이에서 1417년(태종 17년) 9월 29일 태어났다. 타고난 자질이 영특하고 명민하여 학문이 높았을 뿐만 아니라 무예도 뛰어났다. 문종이 승하하고 나이 어린 조카 단종이 왕위에 오르자 측근인 권람, 한명회 등과 결탁하여 1453년(단종 1년) 10월 계유정난을 일으켜 조선 7대 임금으로 즉위한다. 사육신으로 불리는 집현전 학사 출신 관료들이 단종 복위를 계획한 사건이 발각되자 이들을 모두 살해할 뿐 아니라 선왕이자 조카인 단종을 유배지에서 죽이는 등 수많은 정적의 피를 본다. 말년에는 몸에 등창이 나서 전국 명찰을 찾아다니며 건강을 돌보았는데 상원사에서 문수보살을 친견하였다고 전한다. 불교의 가르침을 듣고 살생의 업보를 참회하기 위해 전국 유명 사찰에 불사를 많이 하였다.

봉선사 대웅전

봉선사 금당은 본존불이 석가모니불인 대웅전인데, 현판은 한글로 '큰 법당' 이다. 한자로 대웅전이라 쓰는 경우가 일반적인데 이렇게 한글로 '큰 법당' 이라 적은 연유에는 여러 가지 배경이 있다.

먼저 이곳 주불전은 대중을 교육하고 수행시키는 곳이라는 의미이다. 한글 현판에는 현재의 대중을 위해 배려하고 교육하는 공간이라는 의미가 드러난다. 이는 봉선사가 기도사찰에서 벗어나 대중

봉선사 대웅전

교육 사찰임을 명확하게 표방하는 것이다. 입구에 있는 봉선사 유치원도 봉선사의 대중교육 성격을 실감하게 한다. 봉선사는 현대식 건물로 위용을 자랑하는 유치원과 어린이집을 운영하고, 시민을 위한 산사연꽃음악제까지 주최한다.

그럼에도 불구하고 봉선사 하면 가장 중요하게 떠오르는 것이 바로 대장경의 한글화 번역작업이다. 월운스님이 주도하는 이 작업은 한문으로 된 경전을 평생에 걸쳐 꾸준히 번역하여 전산화 작업까지 완료하였다. 이로써 팔만대장경을 대중들이 쉽게 검색해서 찾아볼 수 있게 되었다.

대웅전 내 동판 한글 대장경

그러므로 현재의 봉선사는 "대중을 위해 봉사하고, 대중이 수행할 수 있도록 노력하는 한국의 대표적 사찰"이라고 의미부여를 할 수 있겠다. 현판은 운허스님의 불교대중화 의지가 담긴 것으로 우리나라 한글 현판의 시초가 되었다. 법당 내 본존불 좌우벽면에 가득 채워진 동판 한글 대장경(법화경)은 봉선사 큰 법당 외에서는 볼 수 없는 봉선사만의 특징이다.

청풍루

봉선사는 청풍루를 통과한 뒤 누각 위에서 큰 법당 쪽을 바라볼 때 느낌이 좋다. 청풍루 옆 우물 쪽에는 솟을대문 같은 문이 나 있는데, 이 문을 통과하여 공양간 끝에서 바로 보는 전경도 독특한 맛이다. 여름에 비 온 후나 저녁 무렵 운무가 조금 끼면 더 신비로운 느낌이 든다.

6 · 25전쟁으로 해탈문, 천왕문, 소설루가 불탄 후 그 자리에 지은 청풍루는 1985년에 조성되었다. 부드럽고 맑게 부는 바람이란 뜻의 청풍루는 2층 건물로서 아래쪽은 사찰 진입공간으로 활용하여 벽에 사천왕상을 그려놓았고 2층은 대중교육 공간으로 사용한다.

봉선사 동종

종각에 보존된 동종은 조선 전기의 것으로, 보물 제397호이다. 종 몸의 폭이 좁아지고 정상부에 음통이 없는 조선시대 종의 특징을 잘 보여준다. 유두 부분 아래에 관세음보살 진언인 옴마니 반메훔을 새겼고 유곽 사이에 보살상을 1분씩 새겨놓았다. 종의 명문에는 세조를 위해 조성한다는 내용과 당시 동참한 사람들의 이름을 적었다. 종 하단은 종을 치는 곳, 즉 당좌라고 하는데 이 종은 당좌를 만들지 않고 종을 치게 하였다. 하대에는 구름 모양으로 보이는 문양을 만들어 천상의 소리임을 표현하였다. 종의 명문에 관세음보살을 새기는 것은 현세에 대한 염원이 강할 때 쓰는 방법이다. 세조의 명복을 비는 의미라면 지장보살상을 새겼을 텐데, 관음상을 조성하여 현세 염원의 의미를 강화한 것이 특이하다.

남한강 사나운 용마를 제압하는 절, 여주 신륵사

신륵사의 특징

고려 전기에 조성했을 신륵사 전탑은 용마를 제압하는 상징물이다. 사찰 터는 신라시대 원효대사가 잡았다고 하지만 사찰이 규모를 갖춘 것은 고려 말에서 조선 초 나왕화상이 열반한 이후로 보이며 사찰 전체에 나왕화상의 유적이 많다. 터잡이로 등장하는 원효대사의 불교사상은 화엄이었다. 이러한 화엄사상이 고려 말 나왕화상과 조선시대 무학대사를 통해서 선종의 전통으로 이어진다. 조선조에 이르기까지 화재로 소실되어 몇 번 중건하였으나 이전의 주불전 본존에 관한 사료가 없어 자세히 알지는 못한다. 화엄사상과 선종의 영향으로 보아 비로자나불이나 아미타불을 모시는 전각이었을 것으로 추정한다.

신륵사 구룡루

조선시대에 들어 세종대왕의 능침사찰로 지정되면서 새로 조성된 극락전의 주불은 아미타불이다. 목조로 조성하였고 개금한 금색

신인데, 좌정하여 설법수인을 취하였다. 좌우보처로 관세음과 대세지를 모셨는데 입석상이라는 점이 특징이다. 이러한 미타, 관음, 대세지 삼존불은 화엄사상을 배경으로 하는 사찰에서 많이 조성하는 양식이다. 세종대왕의 명복을 비는 원찰이므로 주불은 아미타불로 봉안하고 현판은 극락보전이라고 하였다. 왕생극락을 기원하는 아미타불 국토를 조성하고자 한 듯하다.

극락에는 구품연지가 있다고 하는데 이를 대신하듯 구룡이 호위하는 누각이 있어 극락세계를 체험하는 출입문 역할을 한다. 구룡루를 지나면 극락보전 중심의 넓은 마당이 아늑하면서도 편안한 느낌을 갖게 한다. 극락보전 앞 석탑은 크기가 작아 극락보전을 방해하지 않으면서 왕생극락의 염원을 내포하며 극락보전과 어울린다.

나옹화상과 신륵사

남한강 줄기가 서울로 흘러 들어가는 여주 강변의 신륵사. 여기서 신륵은 신력으로 굴레를 씌웠다는 뜻인데 신륵사 창건에 얽힌 설화를 통해 그 뜻을 이해할 수 있다.

고려 고종 때 어떤 마을에 용마가 나타났다. 용마는 사납기가 이를 데 없었는데 인당대사라는 분이 나타나 신력으로 고삐를 채워 순하게 하였다. 다른 자료에서는 용마를 제압한 이가 인당대사가 아니라 나옹선사라고도 하지만 사실을 확인할 길은 없다.

이곳은 남한강이 유유히 흐르면서 굽이치는 곳으로 평소에도 물살이 급하고 항상 소용돌이가 친다. 큰물이 질 때는 더 성나고 급한 물이 부딪쳐 그야말로 물길의 힘을 직접 받는 중요한 지점이다. 남한강 급한 물줄기(용마)를 막아 제압한다는 점에서 신륵이라는 표현이 절묘하다는 생각이 든다.

신륵사가 유명해진 것은 나옹화상 때문이다. 고려 말, 나옹화상의 법력이 높아 회암사 중수낙성식에 몰린 많은 대중을 보고 겁이 난 조정은 양주 회암사에 있던 나옹화상을 급히 밀양 형원사로 보내고자 했다. 명을 받고 길을 나서기는 했으나 나옹화상은 병으로 더 이상 갈 수 없게 되는데, 이때 머문 곳이 바로 신륵사이다.

나옹화상은 결국 신륵사에서 열반을 하였는데 이때 하늘에서 기이한 변고가 일어나는 등 숱한 이적이 발생하자 수많은 사람이 몰려들었으니 신륵사가 대대적으로 중건하게 되는 계기가 되었다. 이렇게 중건한 신륵사는 불교가 박해받던 조선시대였음에도 불구하고 오히려 세종대왕의 능을 관리하는 원찰이 되어 주요 사찰로 등장한다. 그 후 임진왜란을 겪으며 불탄 것을 1671년 현종 때 중건하여 오늘에 이른다.

극락전 앞 석탑

극락전 앞 탑

극락전 앞 탑은 흰 대리석으로 만든 것이 특징이다. 대리석은 성질이 강하지 못해 화강암에 비해 내구성이 떨어진다. 그러나 부드럽기 때문에 세밀한 가공이 가능하다는 것이 장점이다. 이 석탑은 가장 아랫단에 물결무늬를 조성하여 남한강 물결을 연상케 하고 기단 상층부에는 연화문과 구름무늬 사이에서 용이 꿈틀대는 모습을 매우 세밀하게 표현하였다. 대리석이라는 고급 소재를 최대한 활용한 뛰어난 조각기법이다. 기단 부분 연꽃무늬로 보아 조선시대 작품으로 추정한다. 상단 탑신 부분은 고려의 영향을 받은 듯 둔중한 느낌이다.

극락전 앞에 이렇게 정교한 석탑을 조성했다는 것은 결국 극락왕생을 기원하는 염원이 그만큼 간절하다는 의미이다. 석탑에 들인 정성이 조선시대 여타 사찰에서는 찾아볼 수 없는지라 그 의미가 더욱 중요하다.

극락보전

신라시대부터 있었다고 전하는데 그 내용은 알 수 없다. 고려 말에 중창하고 세종 때 중수하였다고 하는데 다 소실되어버리고, 현재 남은 극락보전은 1797년 정조 때 조성한 것이다. 원래는 극락전이라 하는데 격을 높이기 위해 보물 寶(보)자를 넣어 보전이라고 한다. 극락보전의 주불은 역시 아미타불이다.

극락보전 안에서 가운데 문을 열어 밖을 내다보면 구룡루가 보인다. 구룡루의 창을 막지 않았더라면 남한강을 한눈에 볼 수 있었을 텐데 아쉽다. 극락전 내 좌측 벽의 감로탱화는 세밀하게 살펴볼 만하다. 감로탱화는 아귀중생을 천도하는 내용을 회화적으로 표현한 것인데, 지옥천도와 더불어 영가천도를 위한 대상탱화로 많이 사용한다. 당시 생활상이 엿보이는 귀중한 내용이 많은데 여인의 옷 양식, 쌍줄 그네타기, 무당의 모습 등 조선시대 민중문화를 현재와 비교해볼 수 있다.

신륵사처럼 이렇게 왕실천도재를 모신 경기 인근의 사찰에는 봉선사와 회암사, 용주사, 봉은사 등이 있다.

전탑

신륵사 전탑

강변 언덕에 구운 벽돌로 층을 쌓아 만든 이 탑은 그 조성 연대가 아직 확인되지 않고 있지만, 우리나라 전탑 역사에서는 중요한 위치를 차지한다. 우리나라 전탑은 화강암이 부족한 안동 지역에 많은데 신륵사 전탑은 벽돌 표면에 문양을 새겨 공주 무령왕릉 전돌을 연상케 한다.

역사도 중요하지만 이 탑은 서 있는 장소가 특히 중요한데, 바로 사찰 뒤편 산줄기가 강으로 내달린 끝 지점에 위치하기 때문이다. 아래쪽에 남한강 급류를 막아내는 바위가 있어 그야말로 용을 제압하는 신륵이 된다. 남한강 줄기를 따라 배를 타고 한양 가던 사람들은 멀리서 이 전탑을 보고 "이제 다 왔구나" 안도하며 남은 뱃길이 무사하기를 기원하였을 것이다. 그야말로 신륵사 전탑은 신륵사의 산세를 응축한 곳이고, 사나운 용마를 제압하는 곳이며, 뱃길을 가던 사람들에게는 평온과 기원의 대상이었다.

나옹화상 부도와 석등

나옹화상 부도는 신륵사에서 제일 높은 곳, 극락전 북서쪽에 위치한다. 가파른 계단을 숨 가쁘게 올라야 하지만 충분히 그 보람을 느낄 만큼 평안하고 아늑하다. 무학대사가 한양을 조선의 도읍지로 정했음을 기억한다면 고려 말 지공과 나옹화상에 이어 조선시대 무학대사가 머문 이곳 또한 예사로운 터가 아님을 짐작할 수 있다.

부도는 통도사 부처님 진신사리탑과 같은 양식이다. 그야말로 당시 사람들에게 나옹화상은 부처님과 같은 존재로 존경과 추앙을 받았음을 확인할 수 있는 유적이다.

부도 앞 석등은 화창 부분의 부재가 대리석인데 대리석에 새긴 천상천인상을 자세히 살펴보니 참으로 감탄스럽다. 석등 화창 이외 부분은 화강암인데 원래 전체가 대리석이었을 석등은 지금보다 훨씬 균형이 잡히고 아름다웠을 것이다.

조사당

조사당 건물은 보물 제180호인데, 대들보가 없는 점이 특징이지만 정면 1칸 측면 2칸으로 규모는 작다. 정확한 건축 연대는 알려지지 않았으나 조선 태조가 무학대사를 추모하려고 지었다는 설이 전한다. 조사당 내에는 지공화상과 나옹화상, 무학대사를 모셔 고려 말부터 조선 초까지 한국불교의 주요한 법맥을 이끈 3성인을 한꺼번에 만

조사당

날 수 있다.

지공화상은 나옹화상의 스승이고 나옹화상은 무학대사의 스승이다. 현재 조사당 앞에는 무학대사가 스승 나옹화상을 추모하여 심었다는 600년 된 향나무가 그 역사를 말해준다.

향나무 이야기

불단에 피우는 향을 만드는 여러 식물 중 대표적인 나무가 향나무이다. 향은 나쁜 것을 없애고 정신을 맑게 함으로써 천상과 연결하는 통로로 생각하여 예부터 모든 의식에 많이 사용하였다. 심신을 수양하는 방법으로 거처하는 방에 향불을 피우기도 하였다. 예부터 향은 우리 생활의 필수품이었으며 귀족들은 삼국시대부터 열대지방에 자라는 침향목 및 나무에서 채취한 침향을 수입하여 사용하였다.

수입 침향목을 사용하기 어려운 일반인은 고려 때부터 매향(埋香) 의식을 통해 침향을 만들어 사용했다. 침향은 강과 바다가 만나는 해안에 오랫동안 향나무를 묻어두어 만든다. 갯벌과 짠 소금기가 향나무와 교감을 이루어 좋은 향이 만들어진다고 하는데, 매향의식은 미륵신앙과 결부되어 전국적으로 행해졌다. 내세에 미륵불을 만나서 올릴 좋은 향을 만들기 위해 생전에 향을 묻어놓았다가 그 인연으로 미륵불이 다스릴 때 다시 이 세상에 나서 향을 올려 성불한다는 종교적 신념이다. 최근 향을 묻은 자리에 세운 매향비가 몇 군데에서 발견되면서 매향한 향나무를 찾아내기도 하였다.

우리나라 곳곳에 수백 년 된 향나무가 자라는데, 700년 된 창덕궁 향나무가 유명하고 제기동에는 선농단 향나무가 있다. 울릉도 도동

절벽에 붙어 있는 향나무의 나이는 2천 년이 넘는다고 추정하는데, 우리나라에서 가장 나이가 많다고 한다.

향나무는 늘푸른바늘잎큰나무로서 끝이 날카로운 바늘잎이 대부분이며 손바닥에 가시가 박힐 정도로 단단하다. 날카로운 바늘잎이 처음부터 생기지 않고 비늘잎만 달리는 가이스까향나무를 일본인이 개량하여 실용성보다는 관상용으로 우리나라 전역의 정원에 보급하였는데, 전통적인 노거수향나무는 그만큼 귀해졌다. 불교에서 쓰임새가 더 많았던 향나무인지라 사찰에서는 대부분 전통적인 향나무를 심는다. 그래서 이곳 신륵사에도 600여 년 수령을 자랑하는 향나무가 있다.

용이 여의주를 물고 승천하던 정조의 꿈,
화성 용주사

화성과 용주사의 특징

경기도 화성에 가면 용주사가 있다. 용주사가 세워진 자리는 신라 문성왕 16년에 창건된 갈양사의 터로서 신라 말 가지산문의 제2세였던 염거화상이 창건했다. 염거화상 이후 고려 제4대 광종21년(970)에 혜거국사가 갈양사를 국가의 영원한 축원도량으로 삼으라고 임금께 권유하여 고려왕조의 원찰이 되었다. 혜거국사는 이곳에서 참

용주사 입구

선수행에 몰입하다 입적하였다. 병자호란 때 소실된 후 폐사되었다가 조선시대 제22대 임금인 정조가 아버지 사도세자의 능을 화산으로 옮기면서 원찰로 삼고 중창하여 오늘에 이른다. 홍살문은 왕실의 능, 원, 묘, 궁전 관아 등의 입구에 붉은 칠을 한 기둥 두 개를 세우고, 기둥을 연결한 보에 붉은 살을 박은 형태로 세워 경의를 표하고자 조성한다. 사찰 조형물과는 어울리지 않지만 다른 사찰과 달리 용주사에 홍살문이 있는 이유는 정조가 아버지 사도세자의 명복을 빌기 위하여 용주사를 창건하고 호성전을 건립하여 사도세자의 위패를 모셨기 때문이다. 왕의 위패를 모시긴 하였으되 사찰에 홍살문을 세우는 예는 거의 없는데 아무래도 유교의 분위기가 더 강했기 때문일 것이다.

일주문(외삼문)

외삼문 형식의 일주문을 배치하여 조선조 재실건축물 형태를 취하였다. 절 입구인 일주문을 지나면 다른 사찰에서는 볼 수 없는 독특한 형태의 삼문이 맞이하는데, 이는 사도세자 현륭원의 재궁(齋宮)으로 지은 절이기 때문이다. 동서에 옆문을 두고 중앙에 문을 내 삼문이라 한다.

삼문의 주련에는 "용이 꽃구름 속에 서리었다가 여의주를 얻어 조화를 부리더니 절문에 이르러 선을 본받아 부처님 아래에서 중생을 제도한다"라고 적혀 있다. 정조가 낙성식 전날 밤 용이 여의주를 물고 승천하는 꿈을 꾼 후 절 이름을 용주사라고 하였다는 내용과 관련한 흔적이다.

천보루

삼문을 지나 경내에 들어서면 대규모 누각이 한눈에 들어온다. 보제루는 큰 법회 때 금당을 보조하는 건물로서, 금당과 마주보게 조성하여 대중을 수용한다. 이때 '보제(普濟)'는 널리 중생을 구제한다는 뜻인데 용주사 천보루는 하늘 천(天)자에 보호할 보(保)자를 쓰므로 불교보다는 유교의 시경에 나오는 천보구여(天保九如)에서 유래되었다고 해석한다.

여산(如山, 산과 같이), 여부(如阜, 언덕과 같이), 여강(如岡, 높은 산등성이와 같이), 여릉(如陵, 산모롱이와 같이), 여월지긍(如月之恆, 차오르는 상현달과 같이), 여일지승(如日之升, 솟아 오르는 태양과 같이), 여남산지수(如南山之壽, 오래 살기로는 남산과 같이), 여송백지무(如松柏之茂, 건강하기로는 소나무와 잣나무의 무성함과 같이)의 천보구여는 아홉 가지 소망을 이루어지게 해달라는 뜻으로 하늘에 기원하는 내용인데 왕을 축복하는 성격을 갖는다.

천보루 안쪽에는 홍제루라고 따로 달아 보제루와 같은 성격임을 표현한다. 천보루의 아래층은 대웅보전으로 향하는 통로이다. 여섯 개 목조기둥 아래 높다란 초석이 건물을 받들었는데, 석조기둥이 매우 높다. 석조기둥을 사각으로 조성한 데 눈이 간다. 석조기둥은 주로 궁궐건축에 사용하는데 이는 왕실의 후원으로 절이 창건되었음을 증명하는 것이다. 오른쪽 벽면에는 별석으로 부모은중경을 한글로 새겨놓았다.

누각의 좌우로 7칸씩 회랑이 맞닿아 있고 동쪽에 나유타료, 서쪽에 만수리실이 회랑과 연결되어 있다. 이러한 구조는 창건 당시의 모습인데 사원건축이라기보다는 마치 대갓집을 연상케 한다. 나유타 수와 같이 많은 방이라는 뜻의 나유타료는 아마 대중방이었을 것이며 만수실리는 문수보살을 뜻하는 말인데 지혜의 방이므로 선방이었을 것이다. 만수리실은 만수실리의 오기(誤記)인 것으로 보인다.

천보루 앞의 불탑

천보루 앞 석탑

1702년경 조성한 석가세존의 사리탑이라는 기록으로 보아 정조가 용주사를 중창하기 전부터 터를 잡고 있었을 것이다. 중창 후 현재는 다른 배치구조와 어울리지 않아 괜스레 천덕꾸러기가 된 듯하다. 삼문을 통과하면 천보루 아래를 통해 대웅전 일각이 보여야 하는데 탑이 시선을 막아버려 답답한 느낌이 난다.

원래 모든 탑은 석가모니불의 진신사리를 봉안하게 되어 있는데 석가모니불의 진신사리는 곧 부처님의 현신을 상징한다. 그러므로 이 탑은 천보루 아래가 아니라 대웅전 마당에 두어야 할 정도로 격이 높은 성보물이다. 탑을 옮겼을 때 현재의 대웅전과 어울리지 않는다면 별도로 성역을 조성해서라도 따로 두는 편이 낫다.

대웅전

대웅보전은 전면 3칸, 측면 3칸으로 18세기의 정형적인 양식이다. 수미단의 화려한 장식, 본존불 상부의 용두 조각, 닫집 주변의 비천상 조각 등은 세련미와 장엄함을 보여준다. 먼저 장대석을 쌓아 성역공간을 마련하고 중앙에는 6단의 계단을 두었으며, 소맷돌은 보통 연꽃무늬 · 당초무늬 등으로 장식하는데 여기는 삼태극 · 비운 · 모란 무늬를 새겼다.

외벽 3면에는 석가모니 탄생설화를 벽화로 묘사하였으며 대웅보전 내 삼존불상은 석가모니불, 약사여래불, 아미타불이다. 석가불을 주존으로 동쪽에 약사불, 서쪽에 아미타불이 협시하는 삼존불로서 창건과 동시에 만들었는데 재질은 목조이다. 높이는 110㎝로 2006년에 개금하였다.

모두 연화대좌 위에 결가부좌한 모습으로 풍만한 얼굴에 짧은 목, 약간 앞으로 숙인 자세 등에서 조선후기 불상의 특징이 나타난다. 나발에는 정상계주와 중간계주를 크게 박았으며, 옷주름은 굵고 두터운 선으로 단순하게 처리하였다. 수인은 석가여래가 항마촉지인, 아미타불은 구품설법인, 약사여래는 오른손에 약그릇을 들고 왼손에 설법인을 취하였다.

대웅보전 왼편에는 칠성각과 향로전이 있었고, 오른편에는 호성전이 있었다. 그러나 칠성각은 시방칠등각으로 이름이 바뀌고, 향로전은 소실 후 봉향각으로 다시 세웠다가 1993년에는 천불전으로 고쳐지었다.

용주사 대웅전

호성전

사도세자의 위패와 정조대왕의 위패를 모신 건물로서 팔작 지붕의 궁궐 형식이다. 사도세자의 위패를 모시고는 매일 새벽, 한낮, 해질녘, 초저녁, 한밤중, 자정 이후 등 여섯 번의 재를 올렸다 한다. 이후 호성전에는 정조대왕, 경의황후(혜경궁 홍씨), 효의왕후 김씨(정조의 왕비)를 차례로 모시는데 그때마다 49재(영산재)를 베풂은 물론 속절제와 기신제를 올려 극락왕생을 발원하였다. 호성전 앞에는 부모은중경을 새긴 탑이 조성되어 있어 용주사가 효행의 본당임을 표현한다.

호성전 내 위패

처음에 정조는 불법을 탄압하고자 하였으나 우연히 장흥 보림사의 보경이라는 스님을 만나는데, 스님이 불설대보부모은중경을 바치자 그것을 읽고 마음에 느끼는 바가 컸다. 이에 용주사에 부모은중경을 목판으로 새겨 소장하게 하였는데 용주사에서 보관하는 부모은중경 목판으로 찍은 인쇄본을 현재에도 많은 사람들이 소장하고 싶어 한다.

정조의 효행

양주땅 배봉산에 있던 사도세자의 능을 화산으로 옮긴 정조가 현륭원을 참배하던 어느 날, 솔잎을 갉아먹는 송충이를 본다. 이에 탄식하며 말하기를 "네가 아무리 미물인 곤충이라지만 어찌 이리도 무엄할 수 있단 말이냐! 비통하게 사신 것도 마음 아픈데 너까지 괴롭히느냐" 하면서 송충이를 이빨로 깨물어 죽인다. 정조의 돌발행동에 함께한 시종들은 당황하며 달려들어 송충이를 모두 없앴다. 이후 현재까지 융건릉 주변에서는 송충이를 찾아볼 수 없다고 한다.

융릉의 소나무

융릉을 조성한 후 정조는 자신이 죽은 후 묘지를 현재 건릉의 위치가 아니라 융릉 아래쪽에 조성하여 사도세자의 영정도 그곳에 봉안하라고 명하였다. 이는 죽어서도 아버지를 봉공하고자 하는 효심의 발로이며 통치수단이 아니라 진심으로 효도하고자 한 정조의 마음이었다.

지금 건릉은 현재 위치로 이장되어 산을 경계로 융릉과 같은 위치에 있지만 초기의 묘소 터를 돌아보면서 다시 한 번 그 효심에 고개를 숙인다. 최근 이 지역이 아파트 개발지역에 편입됨에 따라 옛 무덤 터

건릉(정조대왕릉)

는 문화재의 가치가 없다 하여 훼손할 움직임이 있으니 안타깝다. 문화유산은 유물과 유적을 통해 정신적 가치를 창출하는 게 더 중요한데 옛터가 오히려 정조의 효심이라는 정신적 가치가 더 높다는 점을 깨달아야 할 것이다.

보신각

대웅보전 계단을 올라 왼쪽을 향하면 보신각이다. 보신각 종은 고려시대 작품으로 국보 제120호이다. 종의 정면 아래 부분에 연꽃을 아로새긴 당좌(종을 치는 부분)와 종신 양옆에 비천상을 볼 수 있다. 비천상 사이 연화좌 위에 결가부좌한 삼존불상을 조각하였으며 보살의 천의자락이 하늘을 향해 마치 천상에서 내려오는 듯한 형상이다. 종신에 비천상과 삼존불상을 함께 새긴 점이 특징이다. 고려 초기의 범종이라고 하지만 드물게 보는 큰 규모이며 부분적으로는 신라시대 양식이다.

시방칠등각

칠성을 모신 전각인데 그 이름이 매우 독특하다. 뜻을 살펴보면 먼저 시방이란 동 · 서 · 남 · 북, 동북 · 동남 · 서남 · 서북, 그리고 상 · 하 열 곳으로서 무수한 부처님의 세계를 의미한다. 칠등이란 칠성, 즉 북두칠성을 가리키므로 별을 등으로 표현하는 점이 흥미롭다. 칠성은 대부분 독성, 산신과 함께 봉안하여 삼성각이나 혹은 삼신각, 산신각으로 불리는 전각에서 찾아볼 수 있다. 용주사의 시방칠등각은 독성과 산신을 함께 모셨지만 칠성의 영험이 뛰어나서인지 칠성을 중심으로 한 전각 명칭을 사용하였다.

한국불교의 법맥을 등불처럼 전하는 강화도 전등사

전등사의 특징

전등사가 창건된 것은 381년(고구려 소수림왕 11년)으로 전한다. 우리나라에 불교가 처음 전래된 게 서기 372년이므로 이불란사(375년 창건)에 이어 전등사는 한국 불교 초기에 세워 현존하는 가장 오래된 사찰인 셈이다.

아도화상이 강화도에 머물면서 지금의 전등사 자리에 절을 지을 때는 이름이 진종사였다. 화엄경의 진리를 말하는 진종(眞宗)이라는 용어에서 화엄사상의 전래를 짐작할 수 있다. 아도화상이 창건한 김천 직지사의 "직지(直指)"라는 말이 선종의 깊은 진리를 말하는 데서 알 수 있듯이, "진종" 역시 아도화상이 창건하면서 선종과 화엄사상을 그 배경으로 하였음을 알 수 있는 대목이다.

창건 후 고려 항몽을 거치면서 사료가 전부 소실되어 이전의 전각 명칭이나 주불신앙에 대해서는 알지 못한다. 1600년대 대웅전과 약사전 등을 새로 조성하였고 1700년대에 대조루를 조성하면서 대웅전을 중심으로 한 신앙공간이 완성된다. 대웅전과 같은 시기에 조성한 약사전은 향로전 옆에 있어 주 신앙공간과는 거리감이 느껴진다. 당시 법화경 경판이 조성된 데서 법화신앙 도입을 알 수 있다.

대웅전이 엄격한 수행을 강조하는 공간이라면 약사전은 전쟁과 환란을 막아주고 질병과 현세의 고통을 구원해주는 신앙적 공간이다. 약사전이 마련되면서 전등사는 수행과 신앙이 병존하는 구성을 완성하였다. 따라서 전등사는 어쩌면 약사전을 통해 중생의 고통을 해결하는 강화도 민중의 주요 기원처로 변화했는지 모른다.

단군 이래로 민족의 정기를 이어오던 삼랑성 내에 한국 초기불교의 터전이 되어 전해오던 진종사는 고려시대에 선종의 법맥을 잇는 전등사로 변해 고려 항몽 때에는 고려왕실의 근거지가 되었고 고려 팔만대장경 조성불사에 아주 주요한 역할을 한 선종 사찰로 규정할 수 있겠다.

전등사 약사전

약사전 내 불상

전등사의 창건

전등사 창건은 고구려 소수림왕으로 올라가는데, 당시 아도화상이 한국에 불교를 전하기 전 이 사찰을 먼저 창건하고 진종사로 하였다고 한다. 하지만 정확한 기록은 없다. 고려사에 삼랑성 가궁궐에서 법회를 열었다는 기록이 있지만 전등사라는 명칭은 보이지 않는다. 신증동국여지승람의 "충렬왕비 정화궁주(옹주)가 대장경을 송나라에서 들여와 전등사에 보관하게 했다"는 기록에 따라 고려 때 강화에서 개경으로 천도한 후 삼랑성 가궁궐을 전등사로 만들었을 거라고 추정한다.

전등사라는 명칭은 정화궁주가 옥으로 된 등을 시주한 데서 유래했다고 알려져 있다. 하지만 불교에서 법을 전하는 것을 등을 전한다고 표현하는 것으로 보아 불교의 진리 또는 선종의 법맥을 전하는 사찰이라는 뜻으로 보는 게 합당하다.

전등이라는 표현에서도 짐작되듯, 법을 전하는 곳이므로 기도보다는 수행 위주로 사찰을 구성하였다. 역시 불전은 대웅보전으로서 석가모니불을 주불로 모셨으며 불보와 같은 지위의 불경을 중요하게 봉안한 것이 특징이다. 이는 고려 때 송나라에서 들여온 불경을 봉안한 곳이었다는 사실로도 확인된다. 불경을 봉안한 경험으로 조선조에는 왕조실록과 왕실문서를 보관하기도 하였다.

대웅보전

목조삼존불은 1623년(광해군 15년)에 조성하였는데 중앙에 석가여래, 좌측에 약사여래, 우측에 아미타여래를 모신 삼존불 양식이다. 주불인 석가모니불의 높이는 125cm이고 무릎 폭은 88cm로 항마촉지인을 한 채 결가부좌하였다. 신체는 우견편단 법의를 걸치고 가

전등사 대웅보전

습에는 군의를 묶은 자락 위에 3개의 꽃잎 모양이 있다. 좌우측의 약사여래와 아미타불은 두드러지게 작게 만들어 본존불을 특히 강조하였는데 이는 똑같은 크기를 만드는 법화사상의 삼존불 신앙보다는 불교경전을 봉안한 사찰에 더 의미를 두었기 때문인 것 같다.

대웅전 내 삼존불

보물 제178호로 지정된 대웅보전은 규모는 작지만 단정한 결구에 정교한 조각 장식으로 꾸며 조선중기 건축물로서는 으뜸으로 꼽힌다. 특히 건물 내부 불단 위에 꾸민 닫집의 화려함은 건축공예의 극치를 이룬다는 평가를 받는다.

현재 건물은 1621년(광해군 13)에 지은 정면 3칸, 측면 3칸 형식의 목조 건물이다. 이 건물은 기둥의 네 귀퉁이 위에 벌거벗은 여인의 모습을 만들어 추녀를 받들게 해놓은 데서 도편수와 얽힌 전설로 유명한데, 그 내용은 다음과 같다.

추녀를 받든 여인

조선시대 광해군 때 전등사에 불이 나 대웅전을 새로 짓게 되었다. 공사를 맡은 도편수가 공사기간 동안 적적하여 아랫마을 주모와 정을 나누었던 모양인데 공사가 끝날 무렵 도편수가 벌어놓은 돈을 들고 주모가 야반에 도주하고 말았다. 주모에게 정을 다 주고 노임까지 맡겼는데, 철석같이 믿었던 연인에게 배신을 당하자 도편수가 얼마나 화가 났겠는가? 그야말로 돈 잃고 사람까지 잃었으니. 이에 복수의 마음으로 법당 네 귀 추녀에 여인을 닮은 나체상을 만들어 추녀를 떠받치게 하였다.

불당을 조성하면서 일개 도편수의 분노를 성스러운 법당 위에 허락 없이 올린다는 것은 상상할 수 없는 일이다. 당시 상황에서 여인의 나체상을 만들어 추녀를 떠받치는 걸 허락했던 사중 스님이나 나체상을 올린 도편수의 마음을 헤아려보아도 야반도주한 주모에 대한 증오심의 표현이라고 하기에는 너무나 맞지 않다.

원래 도편수가 주요 불사를 맡을 때는 몸과 마음을 정갈히 하고 금욕생활을 하는 것이 상례이다. 그럼에도 불구하고 저자거리의 주모와 정을 통했다는 것은 불사의 청정함을 해치는 일이며 도편수가 진정을 다해 공사를 하지 않았음이다. 도편수는 일반 목수와는 다른 존재이다. 궁궐급이나 주요 건축물을 지을 자격을 갖춘 목수장인이며 목수들이 바라는 최고의 명예 지위이다. 사정이 이러한데 도편수 신분을 지닌 이가 주모의 배신에 대한 복수심으로 종교 건축물에다 나체상을 올렸다는 게 말이 되는가. 아마도 추녀 끝 인물이 나체상인지라 세간에서 이 사랑이야기를 지어냈을 것이다.

대웅전 추녀의 나체상은 여성상이 아니라 벽사 기능을 하는 존재이다. 법화경에 나오는 나찰녀로, 불교에 귀의한 신장인데, 법주사 팔상전과 일본의 호류지 5층목탑에 그 사례가 보인다. 나찰녀가 뭇 생명을 해치고 악행을 저지르다 불법에 귀의하여 죄업을 씻기 위해 추녀를 받치고 있는 것이다. 나찰녀가 무서운 존재이다 보니 이를 통해 잡

귀의 침해를 방지하려고 올려놓은 것이다.

대웅전은 여느 사찰 건축물보다 그 내부 조성물이 화려하고 장엄하다. 대들보는 용틀임으로 장식해 용두가 네 귀퉁이에서 돌출해 나온다. 천장 주변에는 연, 모란, 당초를 화려하게 양각하고 중앙 우물 반자 안에는 보상화문을 가득 채웠다. 닫집 왼쪽 천장에는 양쪽에 용두 장식을 하며 몸체에 용틀임을 한 용 가마의 배 부분에 아홉 개의 방울을 달고 끈을 매달아 불단까지 늘여놓아 이를 잡아 흔들면 아홉 개 방울이 동시에 울어 구룡토음의 장관을 이루게 한다.

대조루

전등사 대조루

불이문 역할을 하는 누각으로 전등사라는 현판을 걸었다. 한적한 숲길을 걷다 대조루를 만나면 불세계로 들어가는 듯한 느낌이다. 나무와 어우러진 대조루를 바라볼 수 있는 그 위치가 오히려 더 좋다. 대조루를 올라서서 돌아보면 서해 바다의 조류가 한눈에 들어온다. 대조루 안에는 조선왕조실록과 왕실의 족보를 보관했던 건물의 현판인 선원보각, 장사각, 추향당 편액이 걸려 있다.

이 종은 중국 종으로 1097년에 제작한 하남성 백암산 숭명사의 종이라 알려져 있다. 이 종이 어떻게 이곳까지 오게 되었는지는 알 수 없는데, 한국 종과 비교하면 먼저 종 아래쪽이 바깥으로 펼쳐지는 모양으로, 안으로 모이는 우리나라 종과는 다르다. 종소리를 안쪽으로 모으면서 다시 종 내부와 아래 울림통에서 울려 나가는 효과를 노린 우리나라 종이 기술적으로는 더 발달한 듯하다. 우리나라의 종은 맑은 소리를 길게 이어주는 여운의 효과를 높이기 위해 종 상단에 음통이라는 대나무 모양의 관을 두는데, 이 종에는 음통이 없다. 이 종이 중국 종 전체를 대표하지는 않겠지만 전체적으로 투박해 보이고 조악한 느낌마저 든다. 이와 비교하면 우리나라 종은 훨씬 세밀하고 정제된 세련미가 있다.

전등사 중국 종

참고로 우리나라 전통 종으로 대표적인 것이 상원사 동종과 경주 에밀레종이다. 상원사 종은 한국 종의 원형을 찾을 수 있어 사료적 의미에서 중요하다. 경주박물관 성덕대왕신종은 에밀레라는 그 이름만큼이나 조성 배경부터 남다르다. 그러나 이 에밀레종은 인류역사상 들어본 적이 없는 묘한 소리가 나기 때문에 더 중요하다. 그래서 이 소리를 녹음하여 세계시장에 팔고 있는데 소리에 대한 관심이 높은 사람들은 극찬을 한다. 기회가 닿으면 한번 구해서 들어보길 바란다.

삼랑성

전등사가 위치한 곳은 마니산 정상 아래 단군의 세 아들이 성을 쌓은 곳이다. 삼랑성이라고 하는데, 산의 생김새가 세발 달린 가마솥과 같다 하여 정족성이라고도 한다. 이처럼 유서 깊은 터인지라 고려시대 고종은 이곳에 가궁궐을 정하기도 했다. 고대사부터 주요한

전등사 삼랑성 석문

터인 이곳에 전등사가 자리를 잡은 것이 의미심장하다.

양헌수장군승전비

삼랑성 문을 지나 10여 미터를 가면 작은 비각이 하나 있다. 바로 양헌수장군승전비이다.

병인양요 때 프랑스군 160명이 신식무기로 무장하고 강화도를 침략하였는데 열악한 재래식 무기로 정면대응하면 패배가 자명하여 양헌수 장군은 이 정족성에 매복하였다가 프랑스군을 물리친다. 구한말 강화도에 미국을 비롯한 열강이 함대를 끌고 무력시위를 하던 상황에서 이를 퇴치한 귀한 승전보였다. 강화도 고려궁터의 규장각이 불타고 귀한 책을 약탈당한 역사를 돌이켜보면 삼랑성 조선실록이 그나마 보존된 것은 주요한 승전이었다. 비록 현재 그 비각은 작고 길가에 나앉아 있지만 지나는 길에 한번 순국 선열을 추모하는 것도 좋을 것이다.

한국 최고 명산에 자리 잡은 절, 설악산 신흥사

신흥사의 특징과 의미

설악산 북면 정상 쪽에 석가모니불 정골사리를 봉안한 봉정암이 있어 신흥사의 신앙적 위상을 더 높인다. 봉정암 사리 봉안과 같은 시기에 터를 잡았을 신흥사는 의상대사의 화엄사상을 펼치는 사찰로 발전되고, 고려시대와 조선시대에도 중요 사찰로 관리해왔다. 다행히 6 · 25전쟁으로도 큰 피해를 입지 않아 조선시대 이후의 건물이 그대로 남아 있다.

신흥사 극락보전은 남향이 아니라 서쪽에서 동해를 바라본다. 이는 의상대사가 부석사를 창건하면서 남향 건물에 주불을 동쪽으로 봉안한 것과 같은 이치이다. 서방에 계신 아미타불이므로 동향 본존 건축물을 지은 것이다. 울산바위의 지세를 활용하고 동해를 바라보는 서방의 극락세계 아미타불을 모신 데서 의상스님의 법력을 새

신흥사 사천왕문

삼스레 다시 느낀다.

설악산 일대를 배경으로 조성한 신흥사는 일주문과 본전이 너무 떨어져 신앙의 집중도가 떨어지는데, 이것은 근세 들어 관광객이 너무 많아 숲이 파괴되면서 나타난 현상이다. 신흥사는 전통적인 사찰 양식을 따라 일주문과 천왕문을 통과하여 보제루 아래를 통해 불세계를 만나는 불이문 구조를 취하였다. 최근에는 일주문과 천왕문 사이에 청동대불을 만들어 통일을 염원하고 있다.

설악산

예로부터 눈 덮인 흰색 산은 신성하고 숭고한 곳이라 했는데 그러한 뜻에서 설악산은 설산, 설봉산, 설화산 등 여러 이름으로 불렸다. 금강산을 서리뫼라고 하는 것처럼 설악은 우리말로 설뫼라고 하였다. 남한에서는 한라산, 지리산에 이어 세 번째로 높다.

설악산은 백두대간의 중심부에서 북쪽으로는 향로봉, 금강산, 남쪽으로는 점봉산, 오대산과 마주한다. 최고봉은 대청봉이다. 대청봉 남쪽에 한계령, 북쪽에 마등령 · 미시령 등의 고개가 있다. 위치상 산맥의 서쪽 인제군에 속하는 지역을 내설악, 동쪽을 외설악으로 나누는데, 내설악에는 고찰 백담사를 비롯해 대승 · 와룡 · 유달 · 쌍폭 등의 폭포, 수렴동 · 가야동 · 구곡담 등의 계곡과 옥녀탕 등 이름난 곳이 많다. 외설악은 관모산 · 천불동계곡 · 울산바위 · 권금성 ·

구름으로 덮힌 미시령 고개

설악산 울산바위

신흥사 일주문

금강굴 외에 비룡폭포 · 토왕성폭포 · 귀면암 · 와선대 · 비선대 등 기암괴석과 계곡이 절경을 이룬다.

신흥사는 내설악에 자리 잡은 대표적 천년고찰이다. 진산의 기운을 제대로 받는 내설악 쪽에 작은 암자 외에는 신흥사와 같은 거대 가람이 따로 없다는 점에서 신흥사는 설악산의 기운을 모두 함축한 사찰이라고 할 수 있다.

신흥사의 창건

원래 신흥사는 신라 진덕여왕(652년) 때 자장율사가 창건하여 향성사라 하였다. 원래 위치는 지금 공원 안에 있는 뉴설악호텔 자리라고 하는데 켄싱턴호텔 맞은편 향성사지 삼층석탑이 이를 짐작케 한다. 신라 효소왕 때 불탄 것을 의상대사가 부속 암자인 능인암 터에 새로 짓고 선정사라 하였다. 이후 조선 인조 20년(1642년)에 다시 소실되어 중창하고 신흥사라 하였다.

현재 위치에 의상대사가 자리를 잡은 것은 그곳이 바로 울산바위에서 흘러 내려오는 산세가 귀결되는 지점이기 때문이다. 이는 항공에서 찍은 사진을 보면 바로 알 수 있다. 명산에 비해 사찰 규모는 작아도 내설악의 산세를 제대로 받는 터에 현재의 신흥사가 위치한다.

청동대불

입구의 청동대불

사찰에 들어서면 일주문에 이르는데 설악산 신흥사라는 현판을 걸었다. 화려한 단청문양의 목재 건축물이 주위 자연환경과 어우러져 유서 깊은 산사임을 느끼게 한다. 일주문은 신흥사에 들어서는 첫 관문이다. 일주문을 통과하면 오른쪽으로 거대한 통일대불이 길손을 굽어보는데, 1987년 착공하여 10년의 불사 끝에 점안한 세계 최대 규모의 청동 석가모니불이다. 민족의 염원인 남북통일과 세계평화를 기원하기 위해 조성한 대불의 높이는 17.5m로 좌대에는 통일을 염원하는 16나한상을 섬세하게 조각하였다.

청동대불이 앉아 바라보는 전경은 신흥사 경내에서는 볼 수 없는 경치이다. 이곳에서 설악산의 기운에 흠뻑 취하며 간절히 향을 공양하고 기원의 여유를 갖는 것도 좋을 듯하다.

세심교

청동대불을 지나면 거대한 석재로 하얀 빛을 발하는 세심교가 나온다. 신흥사 앞을 흐르는 계곡의 거친 물결을 감당하기 위해서인지 여느 사찰에 비해 굉장히 큰 다리이다. 이전에 있던 목재와 철재 다리는 사람만 겨우 통행할 정도였는데 새로 조성한 이 다리는 큰 차량도 거뜬히 통과할 만큼 튼튼하게 잘 만들었다. 석재로 만들었지만 세부 구성이 치밀하여 정성을 많이 기울였음을 알 수 있다. 전통적인 교각 조성기법인 홍예기법을 적용하였는데, 이러한 기법은 일반적인 수직기둥보다 큰물이 질 때 그 효과를 발휘한다. 난간에는 안상무늬를 조성하여 예술성을 가미하였다.

다리 위에서 계곡물과 어우러진 신흥사 전경을 살펴보면 또 다른 맛이 난다. 사찰의 다리 명칭은 열반교, 해탈교, 극락교 등이 일반적으로 쓰이는데 유독 이 다리는 세심교이다. 화려한 관광지에 와서 산세에 놀라고 인위적인 조형물에 들뜬 마음일 텐데 이제 사찰로 들어가니 마음을 씻고 부처님을 뵈러 가라는 뜻이다.

세심교와 설악산

보제루

사천왕문을 지나서면 정면에 보제루가 서 있는데 그 아래를 통해 극락국토를 만나러 가게끔 배치하였다. 통상 보제루는 법당이 좁아 많은 대중이 앉을 수 없을 때 대중이 법당을 바라볼 수 있는 전각으로 활용하는 실용성이 우선이다. 하지만 신흥사 보제루는 들어오는 사

신흥사 보제루

람의 광량을 조정하는 훌륭한 역할을 한다. 어두운 곳에 있다가 밝은 곳을 보면 같은 밝기라도 더 밝게 보이는 것처럼 보제루 아래를 통과한 후 극락보전과 마당을 보면 더욱더 환한 느낌이 드는 것이다. 부석사와 봉정사가 바로 이러한 기법을 활용하는데 신흥사 보제루에서도 그 감흥을 느낄 수 있다.

위층은 법회공간, 아래층은 본전에 들어가는 통로로 구성하였다. 여느 사찰보다 통로의 천정이 상당히 낮아 웬만한 사람은 저절로 고개가 숙여진다. 불교탄압이 심하던 조선시대에는 유생들이 몰려들어 유흥을 즐기기도 했을 텐데, 갓 쓰고 고개를 빳빳하게 들고 들어오지 못하게끔 일부러 그렇게 조성했다는 말도 있다.

극락보전

보제루를 통과한 후 바라보는 극락보전과 그 앞마당은 약간 작은 느낌이 들기도 한다. 하지만 한편으로는 주위가 막혀 있어 오히려 편안하고 아늑하다. 극락보전의 화려한 단청과 더불어 문살의 꽃창살이 녹색으로 둘러쳐진 산세에 꽃단장한 새색시를 보는 듯하다. 극락보전이라고 적혀 있어 아미타불을 주불로 하는 극락세계를 표현하고 있음이 짐작되는데, 극락보전을 오르는 계단에 용의 형상이 눈길을 끈다. 바다를 건너 극락으로 데려가는 반야용선의 상징이다.

신흥사 극락보전

조선 후기 목조 건축물로 유형문화재 제14호이

다. 기단은 자연석으로 쌓고 주춧돌도 자연석 그대로 놓았으며 배흘림 둥근기둥을 세웠다. 또한 문에는 꽃살문을 달았다.

본존불은 목조로 만들어 금박을 입혔는데 극락교주 아미타불 오른쪽에는 자비의 화신 관세음보살상이 자리하고, 왼쪽에는 지혜의 화신 대세지보살상을 두었다. 3존 부처님 모두 미묘한 미소에 갸름한 얼굴형으로, 그야말로 자비를 내려주는 포근한 형상이다. 지장보살을 배치한 다른 극락전과 달리 대세지보살을 배치함으로써 전통적인 아미타불 3존불 양식을 보여준다.

참배 후 법당에서 바깥을 내다보면 보제루가 시선을 막고 있어 멀리 볼 수는 없지만 마당 공간은 참으로 편안하게 느껴진다. 극락전 밖으로 나와 설악산 풍경을 살펴볼라치면 주위에 전각이 많아 답답한 느낌이 든다. 최근 실용성 위주의 건물이 커지면서 가까운 곳의 풍광은 보이지 않고 전각 지붕 위로 멀리 설악산 산세가 보인다.

많은 건물로 둘러싸인 덕분에 마당은 거친 산세 한가운데에서도 조용한 시골집에 온 듯한 느낌이다. 설악산 험한 산세를 평온한 느낌으로 만드는 법당 내부 공간 역시 예사롭지 않다. 거친 기운을 정제하여 좋은 기운을 자연스럽게 받아들이게 한다. 이곳이 바로 우리나라 최고의 명산이라는 설악산에서 평온하게 그 기운을 맘껏 담아갈 수 있는 최고의 명당자리이다.

신흥사 범종과 청동 시루

신흥사 범종은 현재 신흥사 경내 보제루에 걸려 있다. 향성사 창건 당시인 서기 652년에 주조하였는데, 향성사가 불탈 때 깨진 것을 영조 34년에 홍한선사가 다시 만들었다. 금, 은, 동, 철을 혼합하여 주조한 이 종은 그 무게는 1,000근(600kg)이나 된다. 6·25전쟁 때

총상을 입었지만 1963년에 다시 수리하여 보존 중이다.

청동 시루는 조선 순조대왕이 하사한 것을 벽파선사가 용선전을 건립하여 역대 조선왕조의 위패를 봉안하고 봉제할 때 사용하도록 하였다고 한다. 이상한 징조가 있을 때는 신비스러운 소리를 내는 신기한 청동시루로 알려져 있다.

만월의 정기를 모아 문수의 지혜를 얻는다는
진부 월정사

월정사의 특징

월정이란 달의 정기를 뜻한다. 달은 음이다. 석가모니불이 태양을 상징하는 양이라면 월정사는 석가모니불의 기운을 담아 기르는 음이다. 받아들임과 키움, 차분함, 냉정함, 직관력 등이 느껴진다. 월정사가 오대 여러 성지 가운데 배움과 닦음을 중요시하는 대중 수행도량의 역할을 하는 이유이다.

월정사는 오대산 동쪽 계곡 울창한 수림에 자리하는데 동대 만월산을 뒤로 하고 있다. 만월산 정기가 모인 곳이라 하여 월정사라는 이름이 붙었으며 선덕여왕 12년(643년)에 자장율사가 창건하였다 한다.

자장율사는 636년에 중국으로 유학을 가 오대산 문수사에서 기도하던 중 문수보살을 친견한다. 문수보살에게서 "너희 나라 동북방에는 일만의 내가 상주하고 있으니 그곳에서 나를 다시 친견하라"는 게송을

월정사박물관 문수보살상

듣고 돌아오자마자 문수보살이 상주한다는 오대산으로 들어가 임시 초가를 짓고 머물면서 다시 문수보살 만나기를 고대하며 정진하였다.

이렇게 터를 잡은 월정사는, 조선 철종 때 크게 중건하였다는 기록으로 보아, 조선조까지는 그 사격을 유지했을 것이다. 6·25전쟁으로 완전히 불타고 마당 가운데 탑만 남았는데 근래에 재건하였다.

오대산

한국에는 수려한 산세를 배경으로 하는 명찰이 많다. 신앙세계를 제대로 구축해놓은 불교성지 또한 적지 않다. 명찰을 찾는 사람이라면 꼭 한 번 가봐야 할 최고의 불교성지로 강원도 중대보궁과 상원사, 월정사로 이어지는 오대산을 추천한다. 강원도 깊은 산세를 배경으로 세속에서 벗어나 신성한 느낌도 들지만, 무엇보다 중대 적멸보궁의 석가모니불을 외호하는 오대 암자와 문수보살이 상주하는 상원사, 수정의 기운을 품은 월정사로 이어지는 일련의 사찰이 이곳을 불교신앙의 제1성지가 되게 한다.

사전에서는 대(臺)를 흙이나 돌 따위로 높이 쌓아 올려 사방을 바라보게 만든 곳 또는 물건을 떠받치거나 올려놓는 받침이 되는 기구를 통틀어 이르는 말로 정의한다. 높고 평평한 곳을 나타내는 말인데, 높은 데 있는 평평한 곳은 하늘과 통한다. 오대산에서는 봉우리를 대라고 표현한다. 이는 5대 각각에 불보살이 계신다는 말이다. 석가모니 진신을 모신 중앙 보궁을 중심으로 동대에는 관음암에 일만의 관음보살이, 남대에는 지장암에 일만의 지장보살이, 서대에는 미타암에 일만의 대세지보살이, 북대에는 나한당에 오백 나한이, 중대 진여원에는 일만의 문수보살이 상주하며 설법한다는 의미로 이렇게 암자를 구성하였다. 수많은 불보살이 중앙의 석가모니불을 외호한다. 이는 바로 석가모니부처님이 살아생전 설법하던 화엄회상의 상징이다.

월정사 전나무 숲길

월정사는 전나무 숲길이 유명하다. 전나무는 높이 40m, 지름 1.5m에 달하는 고산식물로 흔히 풍치수로 심는다. 목재는 펄프 원료나 건축용재, 가구 재료로 이용한다. 이곳에 유독 전나무가 많은 데는 다음과 같은 나옹화상의 설화가 전한다.

고려시대 고승 나옹화상이 북대암에서 날마다 월정사로 내려와 비지(두부 만든 찌꺼기)를 가져다 미륵불께 공양하였다. 어느 겨울날, 여느 때와 마찬가지로 그릇에 비지를 담아 가는데 소나무 가지에 쌓인 눈덩이가 떨어져 그릇을 치는 바람에 비지가 그릇째로 바닥에 쏟아졌다. 이에 화상이 꾸짖기를 "이놈, 소나무야. 너는 부처님 진신이

월정사 일주문과 전나무 숲길

계신 이 산에 살면서 큰 은혜를 입고 있거늘, 어찌 감히 네 마음대로 움직여 공양물을 버리게 하느냐" 하였다. 마침 산신령이 그 소리를 듣고는 "소나무야, 너는 큰스님도 몰라보고 부처님께 죄를 지었으니 이 산에 살 자격이 없다. 이제부터는 전나무가 이 산의 주인이 되어 오대산을 번성케 하리라" 하였다.

조선시대 세조의 보호를 받던 사찰인지라 숲은 당시 산림관리 정책이던 봉산(封山, 입산금지)이라는 형태로 조성하였을 것이다. 면적도 여의도의 7배인 5,800여 헥타르나 되는데 이렇게 넓게 전나무 숲을 조림한 것은 조정의 관리 목적과 아울러 소나무에 비해 고산지대에서 잘 자라는 전나무로 가구나 숯을 만들려는 목적도 있었을 것이다.

이곳 전나무들은 그 수령이 적어도 600년 이상이다. 일주문에서 금강문으로 이어지는 1㎞ 숲길은 훌륭한 삼림욕장이기도 한데, 전나무는 편백나무 다음으로 많은 양의 피톤치드를 내뿜는다고 한다.

월정사 구층석탑

월정사 구층석탑

월정사에서 가장 눈에 띄는 이 탑은 과거의 사격을 짐작케 해주는 유물이다. 탑 아랫부분은 연꽃문양으로 치장하고 8각으로 1층 기단을 만들었는데 그 위에 8각 간주석을 크게 강조하였다. 이는 고려양식의 특징이다. 9개 지붕석의 체감률이 일정하여 균형미가 있고, 8각 끝에 풍경을 달아 목재건축물을 모방하였다. 9층 지붕석 위에 꾸민 상륜부의 화려함과 완전함은 경이롭기까지 하다.

팔각구층탑에서 특별히 시선을 끄는 것은 바로 앉아 있는 석조보살상이다. 팔각구층탑을 향해 오른 무릎을 꿇고 왼 무릎을 세웠는데, 두 손에는 무언가를 들고 있다. 보살상이 이런 모습으로 앉아 있는 좌대도 연꽃을 형상화한 연화좌대임에 유의해야 한다. 원래 연꽃 위에는 보살이나 부처님을 조성하므로 이 석조상은 분명 보살상이다. 하지만 어떤 보살인지는 알 수가 없다. 이렇듯 탑 앞에서 탑을 공양하는 보살상이 한송사 터와 신복사 터에서 발견된 바 있는데 모두 강원도 일대로, 그 조성 이유는 아직 밝혀지지 않았다. 2010년 현재 이 석조상은 월정사박물관 안으로 옮겨 보호하고 있다.

최근 조계사에서 월정사 탑을 근거로 팔각구층탑을 만들었다. 월정사 탑에 비해 세부 조형물이 화려하고 탑신에 불보살상까지 새겨 예술성을 배가하였다. 월정사 형태의 구층탑을 계승 발전시켜 서울의 중심에 조성했다는 것은 그만큼 월정사 탑이 한국 탑을 대표하는 아름다운 탑이라는 의미이다.

적광전

팔각구층석탑 뒤에 자리한 적광전은 매우 큰 법당으로 이전에는 과거 7불을 보신 칠불보전이 자리하였으나 6 · 25전쟁 때 아군에 의해 소실되었다가 1968년에 만화스님이 주지로 계실 때 중건하여 적광전이라 하였다.

적광이란 번뇌가 가라앉은 고요한 빛이라는 뜻이다. 법을 상징하는 비로자나불을 다른 말로 적광불이라고 한다. 그러므로 적광전에는 통상 비로자나부처님을 모시는데, 이곳 적광전은 땅을 가리키는 촉지수인의 석가모니불이다.

특이한 점은 본존불 중심으로 좌우 보처를 모시는 구조가 아니라 석가모니불 한 분만 조성하고 그 자리가 정면으로 튀어나와 탑돌이 하듯 돌아가며 경배할 수 있도록 주위 공간이 넓다는 점이다. 원칙적으로 법당 부처님은 이렇게 조성하는 게 맞다. 만화스님이 법당을 중창할 당시에는 현판이 대웅전이었으나 탄허스님의 오대산 수도원을 기념하기 위하여 화엄경 주불인 비로자나불을 모신다는 의미로 적광전으로 고쳐 달았다고 한다.

구층석탑과 적광전

부록

사찰을 답사할 때 알아두면 좋은 기초상식

사찰 조성의 목적과 특징

원래 사찰문화재를 조성하는 목적은 생명의 존엄성을 회복하는 데 있다. 여기에서 말하는 생명이란 인간뿐만 아니라 뭇 생명을 모두 이르는 말이다.

한국 사찰은 다른 종교와 경쟁하는 가운데 조성된 것이 아니라 불교가 국가적으로 수용되고 민족 종교의 역할을 했던 역사적 배경하에 조성되었다. 따라서 전통 사찰은 민족문화유산의 총화가 집결된 곳이다.

사찰 조형물은 불교의 외연을 확대하기 위한 포교목적이 아니라 불교의 궁극 목적을 표현하기 위해 만들어졌다. 또한 자연의 섭리를 파악하여 과학적으로 적용하였기 때문에 생태문화성을 내포한다. 자연의 섭리에 대한 이해는 가장 먼저 건축물의 터를 정하는 데서부터 시작되었다. 국토 전체를 하나의 생명체로 보고 그 생명의 원리에 따라 산과 물을 이해하였으며 산과 물이 조화를 이루어야만 생명을 길러낸다고 보았다. 바로 풍수학인데, 풍수학의 원리와 기능을 모르면 사찰이 터를 잡은 이유를 제대로 이해하기 어렵다. 옛 선인들이 터를 잡은 주요 사찰은 아직도 뭇 생명이 살기 좋은 그야말로 명당에 자리한다.

전통 천문학은 사찰 조성에서 또 하나의 중요한 요소이다. 요즘에는 별자리를 전설과 흥밋거리로만 보는 경우가 많지만 과거에는 별의 움직임을 통해 천재지변을 예측하고 별의 움직임만으로 사람의 일상사를 예언하기도 하였다. 별의 움직임을 관찰하여 얻은 정보는 곧 사찰 조성에 쓰였는데, 겨울에 춥지 않도록 연중 바람의 흐름을 예측하거나 햇볕이 많이 드는 방향으로 건물을 앉혔다.

또한 모든 사물의 속성을 음과 양으로 이해하고, 다시 각 음과 각

양에도 음양의 성격이 들어 있음을 찾아내 64개 이상으로 세분하여 각각의 성격에 맞는 재료로 건축물을 만들었다. 음양과 오행론을 이해하지 못하면 그 소재를 선택한 이유를 제대로 파악하기 어렵다.

이외에도 자연의 모든 생물, 무생물의 속성을 파악하고 이를 고려하였다. 필자는 사찰문화를 서술하면서 웰빙이라는 단어보다는 생명문화라는 표현을 좋아한다. 뭇 생명체의 존재원리를 살펴보면 모든 생명체는 결국 연관되어 있다. 연관된 생명체는 서로 건강하게 살아갈 때 스스로의 생명력도 높아진다. 생명문화를 이해하는 출발점은 이러한 자연에 대한 통찰력이다. 좋은 터에 오래 자리한 전통사찰은 자연에 대한 통찰력을 높이는 데 더없이 좋은 곳이다.

절에서 조용히 해야 하는 이유

절은 공부하는 대중이 생활하는 곳이다. 절의 본질은 진리를 공부하는 곳이라는 점이다. 공부는 부처님의 가르침을 깨닫고 이를 스스로 성취하려고 하는 것이다. 공부 방법은 여러 가지이다. 경전을 읽는 방법이 있고, 한없이 부처님을 부르며 염불하는 방법도 있으며, 조용히 앉아 참선하는 방법도 있으나 궁극 목적은 모두 같다.

우리나라 사찰에서는 경전을 참구하는 방법이나 조용히 참선하는 방법을 많이 취한다. 이렇게 하는 공부에는 집중이 필요하기에 소란스러우면 안 된다.

사찰에서는 자연의 소리만 들려오는 가운데 조용함이 극치를 이루므로 쓸 데 없는 말은 삼가고 정숙함을 유지하면서 대중생활을 한다. 그런 가운데 들려오는 관광객의 발소리, 말소리는 집중을 방해한다. 관광객들은 잘 모르겠지만, 방에 있으면 바깥에서 수많은 소리가 아주 세밀하게 들려온다. 많은 대중이 생활하는 곳이고 많은 관광객이 다녀가는 곳이 사찰이다. 서로 예의를 지킴으로써 많은 걸 채워가기 바란다.

일상생활

사찰에서 생활하는 스님들은 모두 하루일과가 정해져 있다. 먼저 새벽 3시 30분경, 도량석이라고 하여 사찰 전역을 돌면서 목탁에 맞춰 독경한다. 각자 일어나 낯을 씻고 4시경에는 부처님께 예불을 올린다. 예불이 끝나면 방으로 돌아가 참선하고 공양시간 전까지 전체 대중이 청소를 한다. 7시경 아침공양이 끝나면 본격적인 하루일과를 시작한다. 각자 소임을 맡은 일을 하거나 공부에 임한다. 오전 10시경 부처님께 공양을 올리는데, 부처님은 하루에 한 끼만 드셨으므로 이때가 정성을 올리고 기도하는 때이다. 12시경 점심공양을 마치면 오후일과를 시작한다. 오후 공부를 하고 6시경 저녁공양을 마치면 세면 후 저녁예불을 올린다. 예불 후 다시 각자 공부에 임하고 10시경에는 취침하여 이 시간에는 모든 대중이 사중에서 움직이지 않도록 한다.

통상 관광객은 오전 10시부터 오후 6시 사이에 많다. 그런데 바로 이때는 사중에서 스님들이 거의 다 각자 공부에 몰두하는 시간이다. 따라서 방해되지 않도록 정숙해야 한다.

일주문 현판

사찰에 들어설 때 가장 먼저 만나는 문이 일주문이다. 한 개 문의 기둥이 일렬로 서 있어서 일주문이라고 하는데 한 개를 강조하는 것이 이 문의 존재의미이다. 성불을 위해 들어가는 첫 관문이니 이를 위해 산만한 마음을 하나로 모으라는 뜻이다.

일주문 현판에는 ○○산 ○○사라고 쓰는데, 이는 근처의 주산과 인연을 맺고 있음을 나타낸다. 다시 말하면 그 산세에서 가장 좋은 명당자리가 바로 이 절이라는 뜻이다. 일주문 현판을 통해 그 절이 어느 산세의 지기를 받은 명당인지 추측해보는 것도 흥미로울 것이다.

사천왕은 왜 무서운 형상인가?

일주문을 지나면 사천왕문을 만나게 되는데 여기는 사천왕이 지키고 있다. 무엇을 지키는 걸까? 번뇌로부터 중생을 지키는 게 우선이다. 사천왕은 수행하려고 가는 중생을 보호하는 역할을 한다. 원래는 불법을 방해하던 자들이었으나 부처님의 덕에 감화되어 불법을 지키고 수행자를 보호하겠다는 서원을 세웠다. 수행자에게는 든든한 수호자이지만 악귀와 번뇌에게는 무섭고 두려운 존재이다. 그래서 자비로운 형상을 취할 수가 없다.

불교가 힘이 세고 중생이 평온할 때는 사천왕의 형상에서도 부드러움이 엿보이는데, 불교가 힘이 없고 사찰이 침탈당할 때는 무서움과 두려움을 강조한다. 현재까지 남아 있는 것은 대부분 조선후기 것들이라 그 형상이 여느 시대보다 무섭고 장대하다. 오히려 석굴암 사천왕상이나 불화에 나오는 상은 그렇게 무서워 보이지 않는다.

사천왕상은 그 크기가 매우 커 제작하기가 어렵다. 그래서 부분을 나누고 진흙으로 구워서 합체하고 그 위에 색을 칠해 만들었는데, 이를 소조상이라 한다. 소조상은 재질이 약해 오래 보존하기 힘들다.

사물을 치는 이유

사천왕문을 통과하면 종각을 만난다. 종각에는 종과 법고와 운판과 목어가 있다. 원래는 범종만 있어 종각 또는 범종각이라고 했는데 후대 들어 사물을 갖추었다. 범종에 새긴 그림을 살펴보면, 천상의 인물이 연주를 하거나 무언가를 공양하는 모습이다. 이는 부처님께 올리는 것이 아니라 사천왕문을 통과한 수행자에게 올리는 것이다. 사천왕문을 통과할 정도면 이미 욕망을 제압하는 힘을 가졌다고 본다. 이렇게 어려운 과정을 거치고 천상계로 올라온 수행자를 위해 하늘 사람들이 수고했다고 치하하는 것이다.

이러한 의미로 범종을 쳤는데, 후대에는 사물이 구비되면서 목어는 수중중생을, 법고(북)는 육지중생을, 운판은 날짐승이나 허공중생을, 종은 지옥중생을 구제한다는 의미로 변하였다. 또 이러한 변화의 표현으로 종 표면에는 지옥중생을 구제한다는 지장보살을 새겼다. 모든 중생을 구제하기 위해 항상 축원하고 마음을 다해 평온을 기도하는 곳이 사찰임을 이 종각에서 확인할 수 있다.

탑

탑에는 부처님의 진신사리나 부처님과 관계있는 인연품, 경전 등이 들어 있다. 그러므로 탑은 곧 석가모니 부처님이 계신 곳이다. 고대 인도에서는 탑을 만들 때 현재 우리나라에 있는 탑의 최상단 모습으로 만들었는데, 중국을 지나면서 밑에 누각형을 만들었다. 인도 탑 형식을 상륜부로 옮긴 모습이 우리나라 탑의 정형이다.

부처님의 인연품을 담는 탑에 반해 스님의 인연품을 담는 부도는 별도 양식으로 전해온다. 그러나 최근에는 부처님 탑을 불탑이라 하고 부도를 승탑으로 정리해가는 추세이다. 탑은 그 재료에 따라 목탑도 있고 벽돌을 구워 만든 전탑도 있으며 돌을 벽돌처럼 깎아 만든 모전탑(분황사)도 있다. 하지만 우리나라에는 화강암으로 만든 석탑이 가장 많다.

탑을 돌 때는 오른쪽으로 도는데, 이는 우주의 흐름이 오른쪽이기 때문이다. 불교에서 길상을 상징하는 만(卍) 자도 원래는 오른 방향이었는데, 독일의 나치가 연상된다 하여 왼쪽으로 도는 만자를 사용한다.

부처님은 열반하실 때 탑을 만들라고 말씀하셨는데, 이는 많은 곳에 탑을 만들어 법왕의 도를 흠모하고 수행자에게 희망을 전하기 위해서이다. 인도는 아소카왕 때 탑을 84,000개나 만들었다는데, 지금까지 남은 것은 별로 없다. 오히려 부처님의 사리가 우리나라로 많이 들어와 불국세계를 이루었다. 운주사 천불천탑, 마이산 돌탑에 이르기까지 우리나라에서는 무언가를 기원하는 의미로 탑을 만든다.

석축 계단 좌우에 있는 용머리 형상

오래된 전각은 지금처럼 나무가 아니라 구운 벽돌을 바닥에 깔았다. 구운 벽돌은 도자기의 성질이 있어 습기가 맺히므로 실내습도를 조절하기가 어렵다. 건축물에 습기가 배면 목재가 상하는데, 이를 방지하기 위해서 자연수를 바닥으로 흐르게 하였다. 이러한 예는 석굴암에서도 보이고 불국사 대웅전에서도 확인된다. 바닥에 흐르는 자연수는 바로 용이다. 용이 등을 진 법당은 반야용선이다. 목재 바닥인지라 자연수가 필요 없어도 계단에는 용머리 형상을 만들어 반야용선을 표현하였다. 그런데 반야용선은 극락국토로 가는 배이므로 본존불이 아미타불일 경우에는 어울리지만 석가모니불일 경우에는 어울리지 않는다. 이는 석가모니 국토가 사바세계이기 때문이다. 그래서 용 대신 지혜를 상징하는 사자를 계단에 배치한다. 지혜로 받치는 법의 궁전이 바로 대웅전이다.

벽화

주요 전각에는 벽화를 그렸다. 황토벽면에 회백토를 발라 바탕을 만들고 그 위에 여러 가지 그림을 그렸다. 사찰마다 조금씩 내용은 다르지만 부처님 일대기를 그리는 경우가 많다. 소를 그린 열 개는 마음을 찾아 다스린다는 표현이다. 불교설화를 함축하기도 하고, 절의 창건 내력을 표현하기도 한다.

백토 조명

전각 문 앞에 하얀 흙으로 바닥을 깔기도 하는데 이는 바로 자연을 활용한 조명이다. 해가 뜨면 광선이 바닥의 하얀 흙에 반사되어 전각 안으로 들어간다. 반사된 광선이 본존불상을 비추면 매끄러운 금 표면은 이를 재반사해 좌우 협시불과 실내를 비춘다. 이렇게 해서 전각 안은 은은한 빛으로 밝아진다.

이렇듯 자연광선을 활용한 지혜는 석굴암에 이르러 그 절정을 이루었다. 석굴암은 현재 광창을 복원하지도 못하고 입구에 전실을 만들어 자연광선을 모두 차단하였기 때문에 그 효과를 확인해볼 길이 없다.

주련

사찰 건축물 기둥에는 한자로 된 구절이 많다. 이를 주련이라고 하는데 경전 글귀나 스님이 열반 또는 득도했을 때 부르는 구절 등을 적어두었다. 정형화된 경전 구절은 어느 정도 알 수도 있겠지만 선시 같은 것들은 내용을 이해하기가 쉽지 않다. 주련을 해석해놓은 안내판도 거의 없기 때문에 그 내용이 궁금하면 사찰 스님께 여쭙는 게 가장 빠른 길이다. 아마 주련에 대해 물어보면 많은 설명을 듣게 될 것이다. 구절이 함축하는 바가 많기 때문이다.

전각 안에서 지켜야 할 예절

전각 안에는 신앙의 대상이 되는 사찰의 최고 어른 형상을 모셔놓았다. 그러므로 윗사람을 모시는 예에 따라 생각하면 각각의 이유를 이해할 수 있다.

먼저 정면에 있는 문으로는 출입하지 않는다. 그 문은 어간이라고 하는데, 옛날에는 임금님이나 집주인만이 가운데 문으로 출입했다. 따라서 정면으로 출입하는 것은 윗사람에 대한 예의가 아니다. 좌우문을 이용하도록 한다. 전각에 들어가서 정면으로 마주보지 않고 한쪽으로 비켜 앉는 것도 같은 이유이다.

출입문을 들어서면 반배로 인사를 한다. 그러고 나서 공양물을 올리고 싶으면 공양물을 올리고 오체투지 3배를 한다. 바닥이 불편하면 방석을 가져다 쓰고 사용 후 제자리에 둔다. 법당 안에서는 잡담을 하거나 떠들지 않는다.

우리나라 사찰 불상의 특징

우리나라 불상은 대체로 석가모니불, 아미타불, 약사여래불, 비로자나불, 미륵불이다. 석가모니불은 불교의 교주로, 우리가 살고 있는 이곳 사바 남섬부주세계를 다스리는 존재이다. 아미타불은 서방극락의 교주로, 중생이 원하면 올 수 있게 이상세계인 극락을 만들어놓았다고 전한다. 통일신라시대 원효와 의상대사가 적극 수용하여 누구나 일심으로 아미타불을 부르면 극락에 갈 수 있다고 알려져, 신라는 물론 한반도 전역으로 퍼졌다. 비로자나불은 형상화할 수 없는 불교의 진리를 형상화한 것이다. 통일신라기 선종의 발달은 실질적인 내용을 중시하던 경향으로 나아갔는데, 이로 인해 선종계통에서 투박한 양식으로 많이 조성하였다. 약사여래불은 질병과 환란을 없애주는 부처님으로, 동방에 위치한다고 알려져 있는데 손에 약함을 들어 구별하기가 쉽다. 마지막으로 미륵불은 삼국시대 백제에서 많이 신봉하였으며 삼존불이나 입석불이 많다. 고려 때 태조 왕건에 의해 크게 발달하여 거대입석불로 야외에 많이 조성하였고, 조선시대 들어서는 민간의 주요 신앙불로서 그 위치를 점하고 있다.

사찰은 대체로 1부처 1국토 사상을 기반으로 하여 조성하는데, 본존불이 누구냐에 따라 그 성격 또한 달라지므로 중심이 되는 부처님이 어떤 분이고 그 신앙세계가 어떠한지 미리 알고 있으면 사찰의 성격 또한 짐작할 수 있다.

보살상

보살은 부처가 되기 전 단계의 존재로서, 한편으로는 법을 구하고 한편으로는 중생을 구제하는 것이 그 본질이다. 흔히 우리나라에서 여성 불자를 보살이라고 하는데, 존중의 의미로 그리 부르기는 하지만 본래 보살은 중성이라 남녀를 따질 수가 없다. 불상과 보살상은 머리 모양으로 확연히 구별된다. 불상은 머리를 꼬불꼬불하게 말았는데 이를 나발이라고 한다. 반면 보살상은 화려한 관을 쓴다. 보살상은 본존불에 따라 정례적으로 세운다. 석가모니불은 지혜를 상징하는 문수보살과 실천을 상징하는 보현보살을 협시하고, 아미타불은 대 지혜를 상징하는 대세지보살과 자비를 상징하는 관세음보살을 협시한다. 경우에 따라 대세지보살 대신 지옥중생을 구제하는 지장보살이 승려 모습으로 서기도 한다. 약사여래불은 해를 상징하는 일광보살, 달을 상징하는 월광보살을 협시하여 세월을 상징한다. 비로자나불은 모든 부처님의 본질을 형상화한 분인지라 석가모니불처럼 문수와 보현보살을 협시한다. 끝으로 미륵불은 별도로 보살상을 두지 않고 세 번의 설법으로 중생을 구제한다는 의미에서 부처님 세 분의 형상을 이루는 경우가 많다. 서 있는 1불 또는 서 있는 2불이 전래되기도 한다.

법당의 명칭과 이해

사찰마다 본존불에 따라 건축물의 명칭이 다르다. 그러나 대체로 석가모니불을 모시면 대웅전(대웅보전)이라고 하고 아미타불을 모시면 극락전(극락보전)이라 하며, 비로자나불을 모시면 비로전(적광전)이라 한다. 약사여래불이 본존불일 경우에는 약사전(유리전)이라 하고 미륵불을 전각에 모신 경우에는 용화전(미륵전)으로 부른다.

본존불 한 분에 좌우 보처보살을 모시는 경우가 일반적이지만 사찰의 규모가 크면 본존불을 세 분이나 모시기도 한다. 이런 때에는 가운데 본존불을 중심으로 현판을 정하고 기존 명칭에 강조하는 단어를 더한다. 즉 대웅전은 대웅보전, 적광전은 대광적전, 극락전 극락보전 등으로 격을 높인다.

이처럼 절에 가면 우선 법당 현판으로 본존불을 확인함과 동시에 사찰의 성격을 파악하게 된다. 본존불에 따라 그 신앙세계에 맞는 내용으로 사찰이 구성되기 때문이다.

명부전

명부전은 지옥세계를 다루는 곳이다. 주불은 지장보살이다. 지장보살은 지옥 중생을 모두 구제한 후 성불하겠다고 서원을 세운 분으로서 지옥 중생이 부르면 도와준다고 한다. 명부전에는 지장보살을 중심으로 좌측으로 1, 3, 5, 7, 9 지옥대왕이, 우측으로 2, 4, 6, 8, 10 대왕이 자리 잡고 있다. 모두 10대왕 10지옥이다. 각 지옥대왕 뒤에는 지옥세계의 형벌을 그린 그림이 걸려 있는데 지옥마다 다른 형벌을 가하고 있다. 생전에 저지른 나쁜 일로 죽어서 형벌을 받고, 다시 윤회하면 그 업보를 갚아야 한다는 표현이다.

윤회

불교에서는 죽으면 그대로 삶이 끝나는 것이 아니라 새로운 생명으로 다시 태어난다고 한다. 죽은 생명이 다른 삶으로 다시 태어나서 돌고 돈다 하여 윤회라고 표현한다. 윤회 사상은 고대 인도에서 유래했다고 하는데, 불교의 목적은 윤회에서 벗어나는 일이다. 윤회를 만드는 원동력은 스스로의 업이므로 전생에 지은 업에 따라 태어나는 곳이 달라진다. 죽은 뒤 태어나는 곳을 나쁜 순서대로 열거하면 지옥, 아귀, 축생, 아수라, 인간에 이른다. 그 위로 모두 28개 단계의 천상 천인 등급이 있다.

욕망이 남아 있는 천상 단계는 모두 6개이다. 사천왕천을 비롯하여 수미산 최정상의 도리천, 시간에 따라 변화한다는 야마천, 도솔천, 화락천, 타화자재천 등이다. 욕계 6천을 넘어가면 색계이다. 물질 인연이 남아 있는 곳인데 모두 18개이다. 이러한 물질세계 다음이 순수한 정신세계로 이루어진 4개 천상이다.

가장 나쁜 곳인 지옥, 아귀, 축생 3악도로 떨어지면 다시 위로 올라가기는 어렵다고 한다. 지금보다 아래로 떨어지면 다시 위로 올라가기가 쉽지 않은데, 이러한 삶의 이어짐을 뛰어넘는 것이 바로 불교의 목적이다. 윤회에 입각해보면 인간이라는 존재는 그 아래 단계로 떨어지면 다시 인간으로 환생하기 어려운 반면 노력 여하에 따라서는 천상계로 올라갈 수 있는 중간 단계에 존재한다. 스스로 다음 생을 만들어나간다는 점에서 자업자득이라고 한다.

불교의 세계관과 사찰 배치도

사찰은 불교의 세계관에 근거하여 조성된다. 불교의 세계관은 수미산을 중심으로 사방에 국토가 있는 모습이다. 사찰은 바로 우리가 살고 있는 남쪽 국토에서 중앙 수미산으로 들어가 여러 관문을 거쳐 천상계를 지나 성불의 세계로 가는 것을 상징화하여 조성한다. 수미산을 중심으로 하는 세계는 가운데가 오목하고 아래쪽과 위쪽이 펀펀한 모양인데 부처님의 좌대도 이러한 수미산의 형태에 연유하여 수미좌대라고 한다.

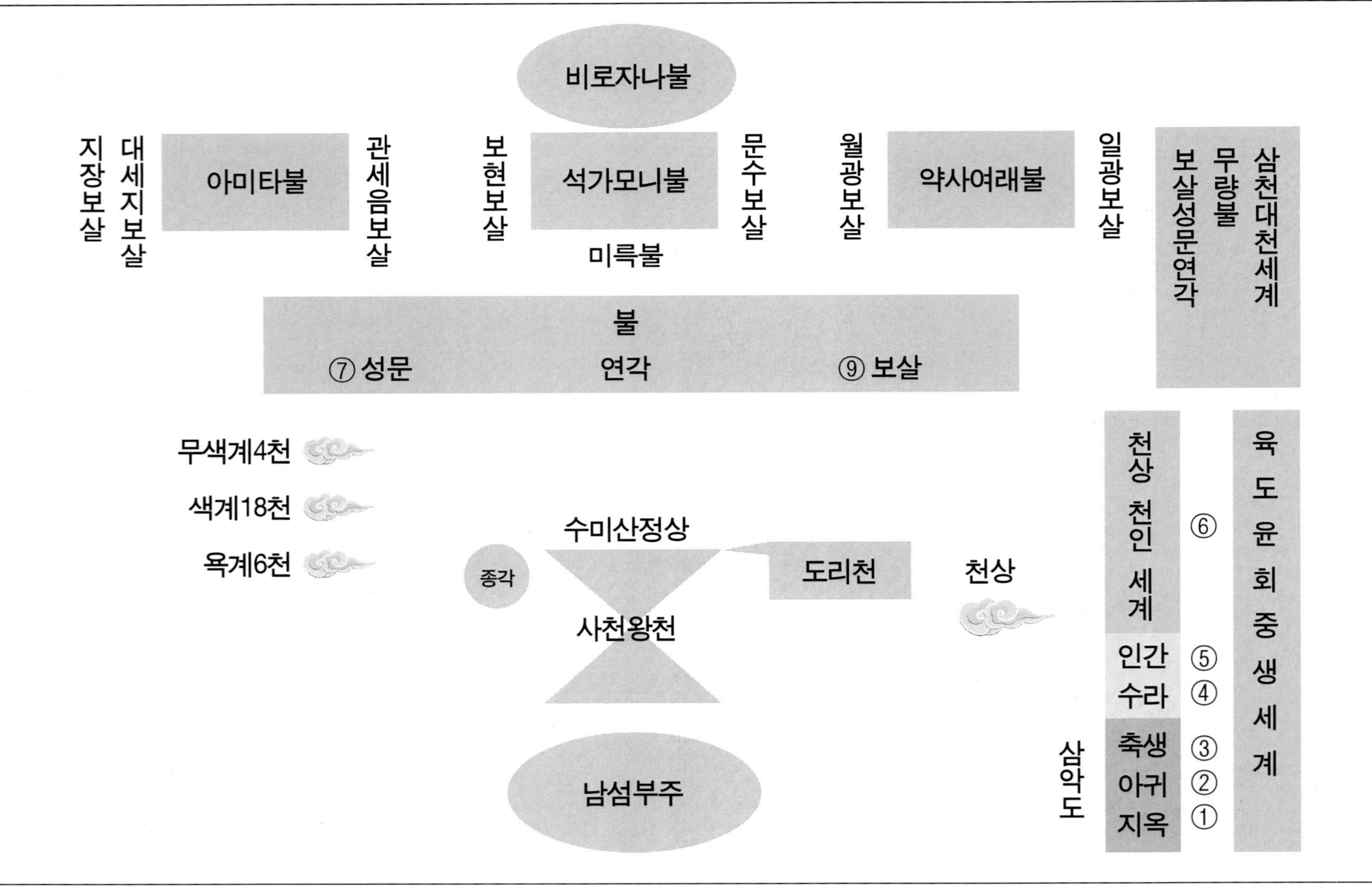
비로자나불
지장보살
대세지보살
아미타불
관세음보살
보현보살
석가모니불
미륵불
문수보살
월광보살
약사여래불
일광보살
삼천대천세계
무량불
보살성문연각
불
⑦ 성문
연각
⑨ 보살
무색계4천
색계18천
욕계6천
수미산정상
종각
사천왕천
도리천
천상
남섬부주
천상 천인 세계 ⑥
인간 ⑤
수라 ④
축생 ③
아귀 ②
지옥 ①
삼악도
육 도 윤 회 중 생 세 계

불교세계관

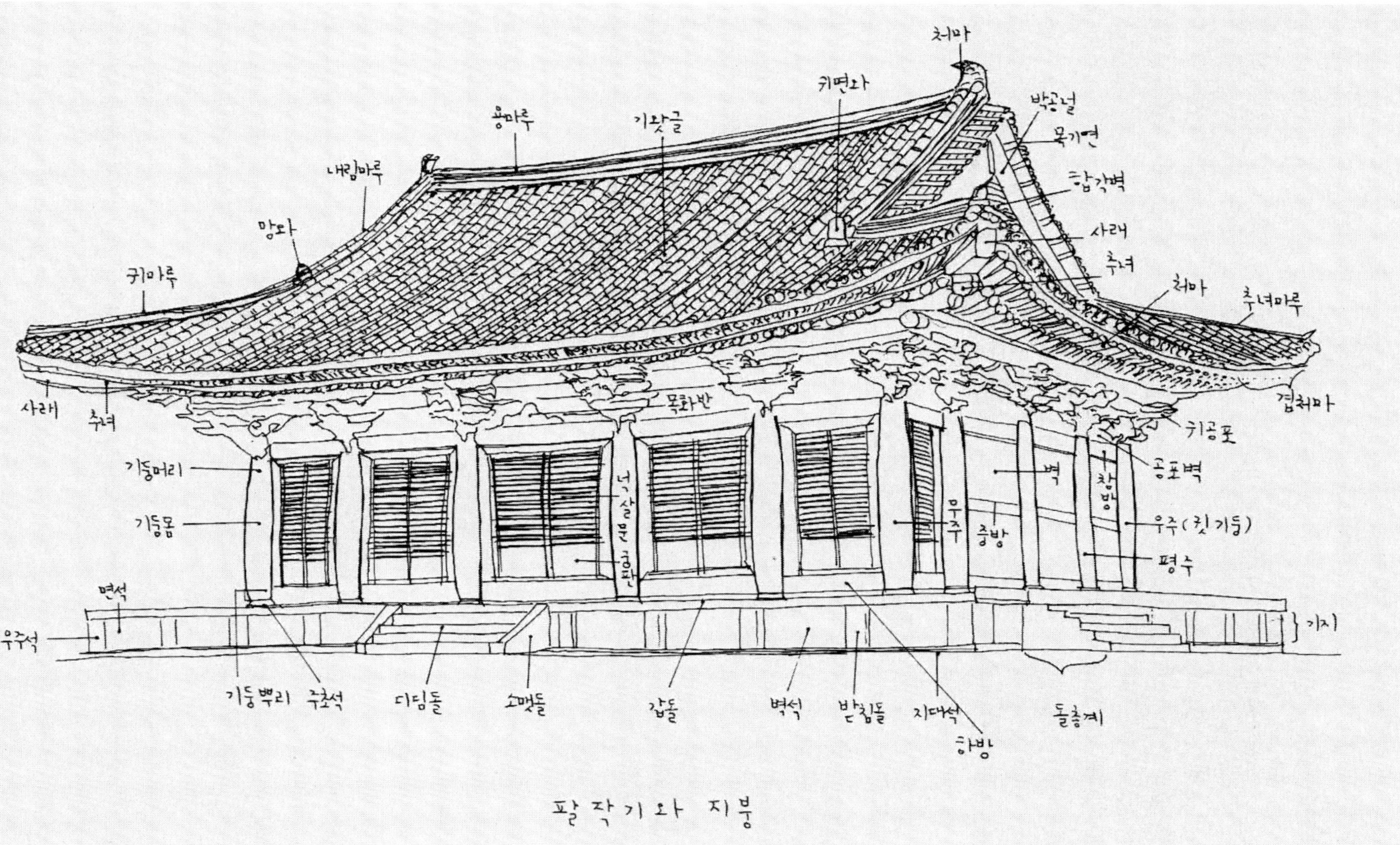
치미
귀면와
용마루
기왓골
박공널
목기연
합각벽
내림마루
망와
사래
추녀
처마
추녀마루
귀마루
사래
추녀
목화반
겹처마
귀공포
공포벽
기둥머리
벽
창방
넉살문
기둥몸
문주
중방
우주(귓기둥)
궁판
평주
면석
우주석
기단
기둥뿌리
주초석
디딤돌
소맷돌
갑돌
벽석
받침돌
지대석
하방
돌층계
팔작기와 지붕

건축물의 용어

작가 소개

한정갑

1961년 부산 출생으로 부산대학교 법과대학을 졸업하였다. 영남불교문화의 친숙한 환경에서 성장한 후 부산 소림사 고불을 거쳐 부산대학교 불교학생회 회장을 역임하였다. 1985년 10 · 27법난 규탄집회 주동으로 투옥, 석방된 후 조계종 중앙신도회, 포교사단, (사)파라미타 등의 실무를 맡아 전국 사찰을 주유하였으며 한겨레신문사, 조계종포교사단, 조계종 템플스테이사업단, (사)파라미타청소년협회의 강사, 33관음사찰순례프로그램 강사로 활동하였다. 저서로 『재미있는 사찰이야기』『대한민국 명찰답사 33』 등이 있다.

:: 산지니 · 해피북미디어가 펴낸 큰글씨책 ::

문학

랑(전2권) 김문주 장편소설
데린쿠유(전2권) 안지숙 장편소설
볼리비아 우표(전2권) 강이라 소설집
마니석, 고요한 울림(전2권)
페마체덴 지음 | 김미헌 옮김
방마다 문이 열리고 최시은 소설집
해상화열전(전6권) 한방경 지음 | 김영옥 옮김
유산(전2권) 박정선 장편소설
신불산(전2권) 안재성 지음
나의 아버지 박판수(전2권) 안재성 지음
나는 장성택입니다(전2권) 정광모 소설집
우리들, 킴(전2권) 황은덕 소설집
거기서, 도란도란(전2권) 이상섭 팩션집
폭식광대 권리 소설집
생각하는 사람들(전2권) 정영선 장편소설
삼겹살(전2권) 정형남 장편소설
1980(전2권) 노재열 장편소설
물의 시간(전2권) 정영선 장편소설
나는 나(전2권) 가네코 후미코 옥중수기
토스쿠(전2권) 정광모 장편소설
가을의 유머 박정선 장편소설
붉은 등, 닫힌 문, 출구 없음(전2권)
김비 장편소설
편지 정태규 창작집
진경산수 정형남 소설집
노루똥 정형남 소설집
유마도(전2권) 강남주 장편소설
레드 아일랜드(전2권) 김유철 장편소설
화염의 탑(전2권)
후루카와 가오루 지음 | 조정민 옮김
감꽃 떨어질 때(전2권) 정형남 장편소설
칼춤(전2권) 김춘복 장편소설
목화-소설 문익점(전2권) 표성흠 장편소설
번개와 천둥(전2권) 이규정 장편소설
밤의 눈(전2권) 조갑상 장편소설
사할린(전5권) 이규정 현장취재 장편소설
테하차피의 달 조갑상 소설집
무위능력 김종목 시조집
금정산을 보냈다 최영철 시집

인문

파리의 독립운동가 서영해 정상천 지음
삼국유사, 바다를 만나다 정천구 지음
대한민국 명찰답사 33 한정갑 지음
효 사상과 불교 도웅스님 지음
지역에서 행복하게 출판하기 강수걸 외 지음
재미있는 사찰이야기 한정갑 지음
귀농, 참 좋다 장병윤 지음
당당한 안녕-죽음을 배우다 이기숙 지음
모녀5세대 이기숙 지음
한 권으로 읽는 중국문화
공봉진 · 이강인 · 조윤경 지음
차의 책 The Book of Tea
오카쿠라 텐신 지음 | 정천구 옮김
불교(佛敎)와 마음 황정원 지음
논어, 그 일상의 정치(전5권) 정천구 지음
중용, 어울림의 길(전3권) 정천구 지음
맹자, 시대를 찌르다(전5권) 정천구 지음
한비자, 난세의 통치학(전5권) 정천구 지음
대학, 정치를 배우다(전4권) 정천구 지음